홈스쿨링

하루 5시간이면 충분하다

* 본 도서의 인세 중 일부는 국제어린이양육기구 한국컴패션에 기부됩니다.

홈스쿨링
하루 5시간이면 충분하다

초판 1쇄 인쇄 2019년 3월 27일
초판 1쇄 발행 2019년 4월 07일

지은이 김재민
펴낸이 정해종

책임편집 강지혜   **편집** 김지용
마케팅 고순화   **경영지원** 이은경
디자인 Zino Design 이승욱, 윤미정   **제작** 정민인쇄

펴낸곳 ㈜파람북
출판등록 2018년 4월 30일 제2018-000126호
주소 서울특별시 마포구 양화로 12길 8-9, 2층
전자우편 info@parambook.co.kr **인스타그램** @param.book
페이스북 www.facebook.com/parambook/ **네이버 포스트** m.post.naver.com/parambook
대표전화 (편집) 02-2038-2633 (마케팅) 070-4353-0561

© 김재민, 2019

ISBN 979-11-964388-9-0 03370
책값은 뒤표지에 있습니다.

홈스쿨링

하루 5시간이면 충분하다

열 살부터 열여섯까지,
홈스쿨링 완벽 가이드와 커리큘럼

김재민 지음

파람북

왜 홈스쿨링인가?

아이를 아이답게 키우는 것이 아이를 위한 일임을 우리는 잘 안다. 하지만 우리 사회에서 아이를 아이답게 키우기가 얼마나 어려운지 늘 보고, 듣고, 느낀다. 두렵다. 어두운 이야기는 어느새 어느 누군가의 이야기가 아닌 나의 이야기, 우리의 이야기가 되었기 때문이다.

모든 부모의 마음이 그렇듯이, 나 역시 아이가 아빠와 달리 더 아이답게 더 자유롭게 자라기를 갈망하고 기대한다. 그러다 보니 '아이를 어떻게 키우는 것이 정답인가?'에 대해 늘 고민했다. 그리고 지금도 그 답을 찾기 위해 노력하고 있다.

한때는 대안학교에 보내야겠다고 생각했다. 하지만 마음에 들지 않았다. 월 최소 70만 원이 넘는 학비는 부담스러웠고, 교과 과정도 그다지 특별하지 않았다. 대안학교를 보낼 바에야 차라리 사립 초등학교나 시골 학교에 보내는 편이 더 낫다는 판단이 들었다. 하지만 사립 초등학교도, 시골 학교도 우리 가족의 삶과는 맞지 않았다.

한때는 내가 직접 대안학교를 만들겠노라고 결심도 해보았지만, 대안학교 설립을 준비하면서 수많은 벽에 부딪혔다. 대안학교가 온전히 운영되기 위해서는 최소 10년 이상의 시간이 필요하다. 그럼 나의 꿈과 인생은 어떻게 하란 말인가? 아이를 위해 꿈을 버리는 것이 못 할 일은 아니지만, 내 인생의 꽃을 피우는 것도 아이를 위한 일이라고 생각했다.

한때는 이민을 심각하게 고민했다. 처음에는 캐나다 퀘벡 주로 투자 이민을 고려했다. 그런데 때마침 둘째를 임신했고, 미국이든 어디든 원정출산을 하면 이민에 도움이 될 거라 생각했다. 지금 와서 생각하면 그런 마음을 가졌다는 사실이 부끄럽지만 그땐 그랬다. 그만큼 우리나라의 교육현실에서 아이를 키우기가 부담스럽게만 느껴졌다.

그렇게 7년의 시간 동안 한바탕 쓰나미처럼 몰려든 많은 생각 끝에 내린 결론은 단 하나, '내가 가르치자'였다. '부모만큼 좋은 교사는 없다'는 사실이었다. 그렇게 홈스쿨링이 시작되었다.

'그래, 두렵지만 스스로 가르쳐보자.'

굳이 별나다는 소리를 들으면서까지 홈스쿨링을 해야 할까? 그냥 학교에 보내도 되지 않을까? 정말 기대한 만큼의 성과로 이어질까? 아이의 사회성을 위해서라도 학교는 다녀야 하지 않을까? 수많은 걱정을 하다 보면 갑갑해진다.

걱정에 홈스쿨링 책을 읽어본다. 다른 부모들은 어떻게 하는지 궁금했다. 하지만 실망스럽다. 마치 뜬구름을 잡는 것만 같았다. 인터넷에서 검색할 수 있는 수준의 소개글과 경험담은 실질적인 도움이 되지 않았다. 그러한 책들을 읽고 처음 든 생각은 '그럼 이제 뭘 해야 하는 거지?'였다. 책마다 이상적인 무언가를 말하고는 있지만 정작 현실적으로 뭘 해야 하는지는 적어놓지 않았다.

홈스쿨링을 하기 위해서는 반드시 어떻게 해야 하는지에 대한 가이드와 초등, 중등, 고등 과정의 커리큘럼이 필요하다. 왜냐하면 홈스쿨링 역시 학업이 주가 되기 때문이다. 우리가 사는 세상에서 학업 없이 재능을 단련하고 꿈을 이루기는 어려운 일이다.

그런 의미에서 군이 내 학파를 정한다면 '대학파'이다. 더 좋은 환경에서, 어떠한 편견에도 휩쓸리지 않는 건강한 정신으로, 아이가 원하는 대학에 갈 수 있도록 돕는 것이 내가 추구하는 홈스쿨링의 목표이다. 온전한 가정에서 온전한 정신을 배웠다면 성년이 되어서도 부모의 도움 없이 온전히 독립할 수 있다.

이 책이 홈스쿨링을 하는 이들에게 바르고 곧은길이 되길 바란다. 어디로 가야 하는지 방향을 알려주는 지침이 되길 바란다. 바람과는 달리 이 길이 100퍼센트 옳은 길인지는 확언할 수 없다. 하지만 이 정도의 지침이라면 비록 가다가 막다른 길을 만날지라도 다른 길을 찾을 수 있는 용기가 생기리라 믿는다. 어차피 우리 인생은 늘 길을 찾아 헤매는 것이 아니던가.

2019년 봄
김재민

차례

3

홈스쿨링? 홈스쿨링!

4

방법론

8

관찰 그리고 소통

1

/

죽은 사회에
사는 아이들

왜 아이는 끊임없이
사교육을 받아야 할까?
이유는 분명하다.
학교에서 보내는 시간이
낭비되고 있기 때문이다.

학교가 무너지는
이유에 대한 책임 공방

학교가 무너지고 있다. 부모와 교사는 학교가 가장 안전하다며 가만히 있으라 한다. 그사이 아이는 무너진 건물 잔해에 깔려 신음한다. 신음하다 결국 죽는다. 슬퍼할 겨를도 없이 부모와 교사는 싸우기 시작한다. 책임 공방이다. 하지만 아이는 이미 없다. 결국 죽은 사람도 죽고 산 사람도 죽는다.

공교육이 무너지고 있다. 공교육이 무너지는 이유가 아이의 책임일까? 교사의 책임일까? 가정의 책임일까? 학교의 책임일까? 간단하게 생각하면 답은 이미 정해져 있다. 세상 대부분의 일이 그렇듯 모두의 책임이다.

그럼 이런 질문은 어떨까? 아이를 책임져야 할 곳은 가정일까? 학교일까? 이 질문에 대한 답은 위의 질문보다 더 많은 이견이 있을 수 있다. 그럼 한번 질문을 간단하게 풀어보자. 아이가 평생 동안 가정에서 보내는 시간이 많을까? 학교에서 보내는 시간이 많을까? 답은 쉽다. 당연히 가정에서 보내는 시간이 많다. 즉, 아이를 책임져야 할 곳은 가정이다.

공교육이 무너지든 무너지지 않든 아이에 대한 책임은 가정이 져야 한다. 생각해보자. 우리 아이에게 문제가 생기면 누가 가장 마음이 아픈가? 냉정하게 말하면, 학교는 무슨 일이 일어나든 금방 잊고 지나간다. 내 아이 말고도 관리해야 하는 아이가 많기 때문이다. 이것이 현실이다.

학교는 아이가 가정교육을 엉망으로 받아 문제라 변론하고, 가정은 학교가 올바로 가르치지 못해 아이가 변했다고, 나쁜 친구를 사귀어서 이렇게 되었다고 항변한다. 나는 쌍방의 과실이지만 순진하게 학교를 믿은 가정의 책임이 훨씬 더 크다고 생각한다.

이제 와 공교육이 왜 무너졌는지, 누구 때문인지 따지고 싶지 않다. 따질 수도 없다. 이유가 오만 가지다. 중요한 것은 이미 무너진 공교육에서 '어떻게 나의 아이를 구할 것인가?'이다. 아이를 살리는 것이 우선이다. 아이가 살아야 변화도 가능하기 때문이다.

부모 세대가 학교에 다닐 때만 해도 지금은 상상도 할 수 없는 교사가 많았다. 어떤 아이가 미술시간에 준비물도 가져오지 않고, 심지어 엎드려 자고 있다. 아침부터 술 냄새를 풍기며 기분 나쁜 듯한 표정으로 들어온 미술 교사는 아이를 보자 화가 났다. 결국 막대 자루로 아이의 허벅지와 종아리를 사정없이 때린다. 그래도 화가 덜 풀렸는지 제대로 서지도 못 하는 아이의 뺨을 마구 때렸다.

이런 교사가 실제로 있었을까? 있었다. 그다음 날 친구의 다리가 새

까맣게 변한 걸 보고도 아무렇지 않게 웃었던 기억이 난다. 그때는 그랬다. 그런 체벌조차도 교육이라고 생각했기에 당연한 일이었다.

하지만 이는 전설 속 이야기가 아니다. 1998년 3월에 '초중등교육법 시행령'이 개정되고, 2010년 11월에 서울시 교육청에서 체벌 금지를 명령했으니, 불과 10년 전만 해도 어디선가 비슷한 체벌이 있었을 것이다. 지금은 상상도 할 수 없는 일이지만 분명한 현실이었다. 아마도 역량이 부족한 교사가 날뛰는 아이들을 감당하기 힘들었으리라.

그런데 지금은 어떤가? 교사의 손과 발을 다 묶어놓은 채로 아이를 책임지라 한다. 체벌의 필요성을 말하자는 것이 아니다. 어떻게 교사가 아이를 인격적인 관계만으로 돌볼 수 있을까? 절대 불가능하다. 왜냐하면 아이는 정서적으로 성숙을 향해 달려가는 과정 중에 있기 때문이다.

교사도 할 말은 없다. 과연 교사 중에 투철한 사명감을 가지고 아이를 가르치는 교사가 몇이나 될까? 물론 있다. 하지만 적다. 지난 10년간 최고의 직업으로 등극한 교사에게 더 이상 사명감 같은 건 필요치 않다. 어떠한 교사를 만날 것인가. 이는 아이와 부모에게 그저 복불복이 되었다.

이런 상황에서 가정교육을 받지 못한 아이는 기고만장해지고, 교사와 아이의 관계는 이상해진다. 더불어 아이와 아이의 관계도 이상해진다. 학교폭력이며 왕따 현상이 성행하는 건 당연해졌고, 그걸 바라보는 아이의 눈 속엔 비뚤어진 인식이 박힌다. 아이는 그 속에서 때로는 피해자로, 때로는 가해자로 줄다리기를 한다.

투철한 사명감을 가진 교사는 아이를 사랑으로 지도하기 위해 노력한다. 하지만 현실은 아이에게 꽉 잡혀 살든지, 괜한 오지랖으로 비쳐져

곤욕을 겪다 다른 학교로 전근을 가기 십상이다. 이런 상황을 경험한 교사는 아이를 방어적으로 대하게 되고, 그 결과 학교는 저렴하고 낮은 수준의 종합반 학원이 되었다. 오늘날 학교의 현실이다.

그래서 부모는 생각했다. 더 나은 학교에 보내자. 내 아이는 괜찮은데 다른 아이가 문제니까 아이를 거를 수 있는 학교에 보내자. 성적으로든 돈으로든, 내 아이를 다른 아이와 구별시키자. 국제중, 특목고, 자사고 열풍의 이면에 그런 생각이 있다는 사실을 아는가? 물론 표면적인 이유는 해외 명문대 및 서울대 진학이지만 말이다.

그래서 아이는 학교가 끝나면 학원에 간다. 학교에서 부족한 부분을 채우기 위해 밤새 공부(?)한다. 그 결과 상당수의 아이는 학교에 있는 동안 비몽사몽이다. 그런 아이를 보며 교사의 의욕이 일어날 리 만무하다. 악순환이다. 이것이 바로 무너진 공교육의 현실이다. 공교육을 살리네 마네 아무리 고민해도 절대 바꿀 수 없는 우리의 현실이다.

사교육의
변명

사교육은 더 이상 선택이 아닌 필수가 되었다. 학원에 가면 교사가 말한다. "어머니, 요즘엔 수학이 어려워졌어요. 예전하고는 달라요." 엄마는 집에 와서 수학책을 본다. 수학책인지 국어책인지 모를 정도로 글이 많다. 아마도 학원 교사의 말이 맞나 보다. 다음 날 부모는 학원에 등록한다.

교육부는 사교육과의 전쟁에서 승리하기 위해 쉬운 대학수학능력시험을 지향한다. EBS 교재의 연계 비율을 70퍼센트 정도로 유지해 EBS 교재만 풀어도 70점 정도는 맞도록 하겠다는 것이다. 하지만 학원에서는 늘 예전에 비해 어려워졌다고 한다. 그중에서 가장 많이 언급하는 과목이 수학이다. 대학수학능력시험의 수학 수준은 그대로인데 아이가 공부해야 하는 수학은 어려워진다. 이상하지 않은가? 이런 이상한 현상이 일어나는 이유를 2가지 관점에서 살펴볼 수 있다.

첫째, 부모의 관점에서 교과서의 난이도가 상승했다고 착각하는 것이다. 대학입시가 '대학입학학력고사'에서 '대학수학능력시험'으로 전환된 지 20년이 훌쩍 넘었다. 하지만 교과서의 개정은 그보다 훨씬 늦었다. 그렇기 때문에 부모 세대는 대부분 개정된 교과서를 경험하지 못했다. 그래서 개정된 교과서를 보고 어려워졌다고 착각한다.

교과서는 연산, 암기 위주의 교과서에서 사고력 위주의 교과서로 바뀌었다. 당연한 이치이다. 대학수학능력시험을 대비하기 위해서다. 수학을 예로 들면, 사고력 수학은 기존에 숫자로만 표현되던 문제를 더 넓은 이해력을 기르기 위해 이야기로 만든 수학이다. 가만히 앉아 수학 교과서를 보면 안다. 문제에 다양한 상황을 적용해 아이의 문제 해결 능력을 높이는 데 중점을 둔다. 또한 문제를 풀어서 설명하기 때문에 쉽고 친절하게 느껴진다. 하지만 부모는 어렵다. 왜 그럴까? 익숙하지 않기 때문이다.

둘째, 사교육의 관점에서 사교육의 영업 전략에 놀아나는 것이다. 교과서의 난이도가 상승했다고 착각하는 부모는 좋은 먹잇감이다. 사교육은 교묘하게 아이와 부모의 욕심을 자극한다. 모든 아이들을 대상으로 국제중, 특목고를 영업한다. 그러고는 반을 나누고, 더 나은 단계로 올라가야 살아남을 수 있다고 겁을 준다. 경시대회에서나 보는 어려운 문제를 가지고 와선 이런 문제를 풀어야 한다고 강요한다. 그 결과, 아이가 공부하는 수학이 쓸데없이 어려워진다.

물론 수학 실력이 월등한 아이는 상관없다. 하지만 그런 문제를 모든 아이가 풀어야 하는 것마냥 제시하고, 헛된 꿈을 주는 것이 문제이다. 그걸 분별하지 못한 부모는 '우리 애도 조금만 열심히 하면 되겠지' 하며 아이를 밀어붙인다. 그렇게 하면 아이는 아프다. 신음한다. 그래도 아이가 어려운 과정을 잘 따라간다고 안도하는 부모가 있을까 두렵다.

얼마나 잔인한 일인가? 사교육이 책임을 질 거라 생각하는가? 사교육은 그저 내 아이를 부족한 아이로 만들어버리면 책임이 끝난다. 나중에 사교육에 책임을 물으면 변명할 것이다. 부모가 시킨 것이지 우리가 떠민 게 아니라고. 책임은 사교육이 아닌 부모가 지는 것이다. 결국, 병든 아이는 사교육이 아닌 부모와 함께 살게 된다.

학교에서
낭비되는 시간

왜 아이는 끊임없이 사교육을 받아야 할까? 왜 아이는 하루에 6~10시간 가까이 학교에 있으면서도 사교육이 필요한가? 이유는 분명하다. 학교에서 보내는 시간이 낭비되고 있기 때문이다. 안타깝지만 지금의 학교는 아이를 관리하는 곳이지, 결코 아이의 삶을 존중하고 아이가 최선의 길을 가도록 도움을 주는 곳이 아니다.

아이는 학교에서 시간을 때우고 있다. 또한 집에서 한 시간 자면 풀릴 피로에 눌려 학교에서 하루 종일 비몽사몽하고 있다. 공부를 하려고 마음을 먹어도 공부하기엔 소란스럽다. 말 그대로 면학 분위기가 되지 않는다. 이런 상황에서는 누구도 시간을 온전하게 사용할 수 없다. 이는 결코 의지 부족 때문이 아니다. 학교에서 귀마개라도 끼고 공부하면 된다고 생각할지 모르지만, 그건 왕따의 지름길이다.

이렇듯 '학교는 인생의 낭비'가 되었다. 결국 아이는 방과 후 사교육에 집중한다. 낭비된 시간을 뒤로한 채 학원으로 향한다. 하지만 성적은 오르지 않는다. 학교에 있는 동안 에너지를 다 소진한 채 피곤한 몸으로 학원에 가는데 성적이 오를 리 만무하다. 이러한 굴레가 초등학교부터 시작된다. 방과 후 수업 하나 듣고, 학원 하나 다녀오면 어느새 저녁 먹을 시간이다. 이런 상황에서 배울 것은 한도 끝도 없다.

만약 학교에서 낭비하는 시간을 온전히 배우는 데 쓴다면, 방과 후 시간은 온전한 쉼과 자기계발의 시간으로 쓸 수 있다. 학교에서 낭비하는 시간을 없애고, 공부하고자 하는 의지만 있다면 성적이 오르지 않을 이유가 없다. 그러므로 학교에서 낭비하는 시간을 없애야 한다. 하지만 그건 우리가 할 수 없는 일이다. 학교를 변화시키는 건 불가능에 가깝다. 왜냐하면 우리가 사는 사회의 근원적인 문제 때문이다.

100명이 넘는 노벨상 수상자를 배출한 나라에서 온 아이들

최근 영국 BBC 방송이 만든 TV 프로그램이 화제가 되고 있습니다. 영국 학생들이 한국에 와서 '한국식 교육'을 몸소 체험해보는 내용이었습니다. 국제학업성취도평가PISA에서 한국이 상위권을 차지하자, 영국 학생들이 이를 배우겠다며 나온 발상이었습니다. 과연 그들 눈에는 한국 학생들의 삶이 어떤 인상으로 남았을까요?

영국 웨일스 지방에서 태어나 자란 사라, 이완, 토미가 한국 학생들과 각각 짝을 지어 생활해봤습니다. 서울 강남의 고등학교에 다른 학생들과 똑같은 교복을 입고 등교한 이들이 가장 먼저 놀란 것은 바로 등교 시간이었습니다. 아침 7시 50분에 자기 자리에 도착한 사라는 피곤한 기색이 역력했습니다. 이렇게 이른 아침부터 밤 10시가 다 될 때까지 공부한다는 말을 듣고 최대한 따라 해보려고 했지만, 결국 포기하고 일찍 귀가했습니다. 지각하면 벌로 학교 청소를 하게 되는 것도 이들에게 이색적인 경험이었습니다. 수업시간에 지각한 토미와 이완은 예외 없이 대걸레를 들고 복도를 청소했습니다. 또 영국의 중등교육 자격시험, GCSE의 수학 시험지를 한국 학생들에게 주었더니 예상시간 60분짜리 문제를 15분 만에 풀어내는 모습을 보여주기도 했습니다. 토미는 "수학 문제를 다 풀고 나서 어려웠던 사람은 손을 들게 했는데, 나만 손을 들었다. 정말 충격이었다"고 이야기했습니다. 학교 수업이 끝난 뒤 한국 학생 짝과 함께 도서관을 찾은 이완도 깜짝 놀랐습니다. 이완은 "공공도서관에서 너무나 조용하게 각자 공부에 집중하는 게 인상 깊었다"며 "10살도 안 돼 보이는 아이도 공부하고 있었다. 한국인들의 엄청난 학구열을 확인할 수 있었다"고 말했습니다.

BBC는 학원을 'hagwon'이라는 고유명사로 소개하며, 한국 학생들의 공부는 학교 수업이 끝난 뒤 본격적으로 시작된다고 소개했습니다. 학원이라는 곳을 난생처음 와본 토미는 "학교 수업이 끝나자마자 또 공부한다니 믿을 수 없다"며 "사교육이 과열돼서 정부 차원에서 오후 10시에 모든 수업이 끝나도록 조치했다고 한다"며 놀랍다는 반응을 보였습니다. 영어 학원 수업에서 유일한 원어민인 토미는 "한국 학생들이 모든 문제를 맞힐 동안 혼자서 4문제나 틀린 것이 부끄러웠다"고 말하기도 했습니다. 이런 이색적인 경험을 한 3명의 영국 학생들은 각기 다른 후기를 남겼습니다. "체육 시간이 있다고 해서 엄청 기대했는데, 그것마저 한 줄로 서서 차례대로 똑같은 스트레칭을 하는 것이었다"며 의아해했습니다. 또 "이런 경쟁 중심의 교육방식이 학생들의 정신 건강에는 결코 좋지 않을 것 같다"고 덧붙였습니다. 그러면서도 "한국의 목적 지향적인 교육방식은 큰 자극이 되었다. 또 선생님에게 깍듯이 예의를 갖추는 학생들의 모습도 인상 깊었다"고 긍정적으로 평가했습니다.

'뉴스 픽'입니다.

—「"한국 학생 공부법 배우겠다" … 몸소 체험한 영국 학생들」(뉴스픽, 2016년 12월 7일)

이 기사를 보면서 우리나라 교육의 치부가 적나라하게 드러나는 것 같아 얼굴이 붉어졌다. 만약에 그들이 고등학교가 아닌 초등학교에 와서 경험했더라면 더욱 부끄러웠으리라. 한국 교육의 현실은 정상적인 교육을 받는 3명의 영국 학생이 따라갈 수 없을 만큼 힘든 수준이었다. 그들은 깨달았으리라. 국제학업성취도평가에서 상위권을 차지한 이유가 한국 학생들의 머리가 아니라, 한국 교육 시스템의 우월성이 아니라, 다른 모든 걸 다 포기한 채 그저 죽어라 공부한 결과라는 것을.

영국은 지금까지 100명이 넘는 노벨상 수상자를 배출했다. 수학계의 노벨상이라고 불리는 아벨상 수상자도 수차례 배출했다. 그런 국가에서 온 학생이 자신이 어렵다고 느낀 수학 문제를 15분 만에 푸는 모습이나, 원어민인 자신보다 영어 문제를 잘 푸는 한국 학생들의 모습을 보면서 무슨 생각을 했을까? 단 1명의 노벨상 수상자를 배출한 국가의 아이들이 자신보다 뛰어난 모습을 보면서 한국의 미래가 밝다고 생각했을까?

"이런 경쟁 중심의 교육방식이 학생들의 정신 건강에는 결코 좋지 않을 것 같다."

한 학생의 말이다. 정확히 꼬집었다. 결코 아이들의 정신 상태가 정상일 수 없는 상황이다. 고등학교까지만 우수한 나라. 문제 풀이에 능해 국제수학올림피아드IMO까지는 잘하지만 수학자는 없는 나라. 이런 상황을 모두 다 비판하지만 정작 자신의 아이는 똑같이 그 시스템 안에서 돌리며 어쩔 수 없다고 말하는 나라. 얼마나 가슴 아픈 현실인가.

이런 문제를 해결하기 위해 우리는 무엇을 할 수 있을까? 핵심은 사회
인식이다. 즉, 지금 우리 사회에서 가장 필요한 건 사회에 대한 옳고 그
름의 인식이다. 그 인식은 다른 누군가의 의견이 아니라 스스로의 경험
에서 나온 인식이어야 한다. 그리고 각자 온전한 인식을 가진 이들이 서
로 부딪치면서 자신의 인식이 올바로 정립되었는지 확인할 수 있어야
한다.

즉, 사회인식이란 남의 경험이 아닌 자신의 경험을 통해 우리 사는 사
회가 어떠한지를 정확히 아는 것이다. 무엇이 옳고 그른지에 대한 판단
을 할 수 있어야 한다. 판단의 근거는 자신의 경험이다. 때로는 좋은 경
험이 아닐지라도 그 경험이 내 삶을 더욱 단단하게 했다면 온전한 인식
으로 자리 잡을 수 있다.

요즘 보면 각자 자기주장이 강한 듯 보인다. 사회인식이 확고한 듯 보

인다. 하지만 찬찬히 대화를 나눠보면 자신의 이야기가 아닌 어디선가 들은 이야기를 자신의 이야기처럼 하는 경우가 많다. 그러다 보니 조금 더 구체적이고 광범위하게 대화를 나누려고 하면 말문이 막히곤 한다. 인식이 정립된 상태에서 말을 하는 것이 아니라, 다른 누군가의 이야기로 만들어진 부실한 인식을 통해 말을 하기 때문이다. 어떤 사건이 일어났을 때 정립된 인식을 통해 비판적으로 바라볼 수 있어야 하는데, 정립된 인식이 없으니 누군가에게 들은 이야기나 댓글을 자신의 생각이라고 인식하여 말을 한다. 이러한 잘못된 습관이 만연해 있으니 사회를 보는 인식이 약화되는 것이다.

가정의 리더인 부모에게는 사회에 대한 올바른 인식이 필요하다. 그래야 아이 역시 올바른 인식을 가질 수 있는 기회가 생긴다. 부모가 올바른 인식을 가지지 못하면 귀가 얇아진다. 내가 잘 모르면 어디선가 주워들어야 하기 때문이다. 그래서 주워들은 것을 가지고 '그게 맞네' '이게 맞네' 하며 아이를 뺑뺑이 돌린다. 그렇게 되면 아이는 힘들다. 또한 아이 역시 올바른 인식을 가지기 어렵다.

아이는 아파트로 편을 가르고, 엄마는 소득으로 편을 가르고, 아빠는 사회적 지위로 편을 가른다. 그 결과 아이는 해외 명문대나 서울대에 진학하지 못하면 실패한 인생이라고 인식한다. 그런 인식이 일반화될수록 점점 더 살기 힘든 사회가 된다. 이미 특정 지역에서는 초등학교 3학년만 되어도 10시까지 학원을 다니고 있는데, 그게 이상해 보이지 않는 사회가 된 것이다.

사회가 그래서 나도 어쩔 수 없다고 말할 수도 있다. 내 아이만 뒤처지게 만들 수 없다고. 결국 모두 앉아서 영화를 보면 편한데, 모두 서서 영화를 보는 시대가 되고 말았다. 어떻게 하면 이런 사회를 바꿀 수 있을까? 안타깝게도 사회를 바꾸기는 매우 힘들다.

그럼 방법은 없는가? 방법은 스스로 변화하는 것뿐이다. 먼저 내가 올바른 인식을 가져야 한다. 그리고 그 올바른 인식을 내 아이도 가질 수 있게 해야 한다. 그렇게 하려면 때로는 용기가 필요한 때가 있다. 그 때 용기를 가지고 부딪칠 수 있어야 한다. 그러다 보면 언젠가는, 기대하지 않았지만 조금씩 사회가 변하는 것을 느낄 수 있을 것이다.

문제를 가속화시키는
핵심 요인, 인터넷

모든 정보가 있는 곳, 긍정과 부정이 공존하는 곳, 과격하지만 '헬게이트가 열렸다'고 표현하고 싶다. 지금과 같은 인터넷을 오늘날 부모 세대는 학창시절에 경험하지 못했다. 그때는 인터넷에 접속한들 정보가 부족해 마땅히 건질 게 없었다. 하지만 지금은 다르다. 온갖 정보들이 가득하다. 잘못 들어가면, 아이는 신세계가 열렸다며 좋아하겠지만, 그 정신은 헬게이트로 들어가게 된다.

아동·청소년기는 한 인간의 가치관이 형성되는 시기이다. 그러므로 이 시기를 어떻게 보내는지가 매우 중요하다. 아이와 부모가 인터넷에서 같은 것을 보더라도 소화하는 능력은 다르다. 올바로 소화하지 못하면 잘못된 가치관이 형성될 수밖에 없다. 그런데 지금은 초등학생만 되어도 스마트폰을 갖게 되고, 스마트폰이 없는 아이도 부모의 스마트폰을 통해 인터넷에 노출된다. 그렇게 되면 정보의 홍수 안에 횡행하는 나쁜 것들이 아이의 연약한 뇌를 뼹뼹 차버리고, 결국 얼마 지나지 않아 뭉그러뜨린다. 그렇게 뭉그러진 가치관을 가진 아이는 다른 아이에게 영향을 미치고 악한 말과 폭력을 행사하면서 죄의식조차 없이 살아간다.

인터넷의 악영향을 간과하는 부모들이 많다. 가장 큰 문제는 알다시피 폭력과 성이다. 우연히 유튜브 영상에서 '삭삭' 하는 소리와 함께 몸이 잘리는 것을 본 아이는 "목을 잘라버린다"는 말을 서슴없이 내뱉는다. 성은 알다시피 일반적인 성의 모습이 아니다. 극단적이고 왜곡된 영상들이 무분별하게 넘쳐난다. 만약 아이가 그 모습을 실제라고 인식한다면 아이는 쉽게 성범죄자가 될 수밖에 없다.

요즘 들어 폭력과 성을 넘어서는 문제가 바로 댓글이다. 남의 의견은 듣지 않고 자기 말만 하거나 분노를 조절하지 못하는 댓글들을 보며 아이는 잘못된 가치관을 가지게 된다. 그밖에 불법 스포츠 도박 사이트 등 수없이 많은 문제들이 있다.

이처럼 많은 문제로 가득한 인터넷은 아이 한 명 한 명에게 영향을 미친다. 그리고 대다수의 아이들이 인터넷의 굴레에서 빠져나올 수 없게 된다. 이제는 보물 창고가 아니라 쓰레기 창고가 되어버린 인터넷을 아이가 성년이 될 때까지, 아이의 인격이 형성될 때까지 최소화시켜야 한다. 두렵다. 이토록 무분별하게 인터넷을 접한 아이들이 이 나라를 이끌어나갈 때 어떤 사회 문제가 생겨날지 두렵다. 인터넷은 부모 세대가 아동, 청소년기에 접하지 못한 것이기 때문에 그 영향과 문제를 우습게 생각해서는 안 된다.

이렇게 쓰레기 창고에서 뒹굴다 온 아이들이 학교로 모인다. 그리고 인터넷에서 받은 영향을 학교라는, 교실이라는 작은 사회에서 뒤풀이하 듯 표출한다. 그런데 어떻게 학교가 온전하겠는가? 학교는 바뀌지 않을 것이다. 아이도 바뀌지 않을 것이다. 교사도 바뀌지 않을 것이다. 부모 도 바뀌지 않을 것이다.

2
/

대안은
있을까

만약 학교 교육을
선택하지 않는다면
아이와 부모는 또 다른
기회를 얻게 될 것이다.

다른 길을
꿈꾸는 사람들

많은 이들이 학교에 문제가 있음을 철저히 공감한다. 하지만 그들 중 대부분은 자신의 상황을 호소만 할 뿐 정작 어떤 행동도 하지 않는다. 그런데 잘 살펴보면 누군가는 자신의 아이를 위해 끊임없이 다른 길을 꿈꾼다.

유학

몇몇 성공 사례를 가까이에서 지켜봐서인지 유학은 긍정적인 이미지가 강하다. 그렇기 때문에 성공할 가능성이 높다고 생각한다. 1993년 중학교 2학년 시절, 친구들 몇몇이 유학을 갔다. 반에서 1등을 하던 친구도, 반에서 20등을 하던 친구도 갔다. 1등을 하던 친구는 당연히 유학을 가서도 잘할 거라 생각했지만, 20등을 하던 친구를 보며 솔직히 속으로 '너는 뭐 하러 가니?' 했다. 하지만 1등을 하던 친구뿐만 아니라 20등을 하던 친구도 제법 괜찮은 성과를 냈다.

중상위권 정도 성적을 거두는 아이라면 유학을 가서 괜찮은 성과를 낼 수 있다고 생각한다. '괜찮은 성과'라는 표현에 이견이 있을 수도 있겠지만, 그 정도 학생이라면 한국에서는 소위 '인서울' 대학도 가기 어렵다. 하지만 유학을 가면 서울 상위권 수준에 버금가는 해외 대학에 갈 수 있을 것으로 본다. 그 이유는 우리나라의 기초 교육 수준이 높아서가 아니다. 경쟁 사회에 살다 보니 목표 지향적인 성향이 강하기 때문이다. 만약 현재 서울의 중상위권 중학교에서 반 순위로 5등 안에 든다면 노력에 따라 세계 대학 순위 100위권 내의 대학도 갈 수 있다고 본다.

하지만 이런 가능성은 또 다른 조건을 통해서만 빛을 발한다. 바로 부모의 재력과 교육 수준이다. 가슴 아픈 일이지만, 이 말은 부모의 재력과 교육 수준이 아이의 미래에 영향을 미친다는 뜻이다. 일반적으로 부모의 학력이 높으면 아이의 학력도 높다. 이유는 간단하다. 일반적인 부모라도 부모가 경험해본 것을 아이에게 전달하기 때문이다. "아빠가 해봤는데 이런 길도 있어."

내 부모는 고졸이었다. 1940~50년대 생인 우리의 부모 세대는 보통 중졸이나 고졸이 대부분이었다. 그 당시 대학에 가려면 학업 성적뿐만 아니라 가정형편과 부모 세대의 교육 의식이 뒷받침되어야 했다. 심지어 고졸도 쉽지 않은 시절이었다. 아무튼, 고졸이었던 나의 부모는 우리 남매를 자유롭게 교육시켰다. 대학도 스스로 선택해야 했다. 나쁘게 말하면 교육에 대한 지식이 없었다. 물론 당시에 많은 부모가 그랬다. 부모 탓을 하자는 것이 아니라 부모의 영향력에 대해 이야기를 하는 것이다. 결국 형은 재수를 하며 자연계에서 인문계로 계열을 바꾸는 어려움을 겪었다. 누나는 적성에 맞지 않는 공부로 유학에, 박사 과정까지 밟느라 불혹이 넘은 나이에도 아직 학생이다. 나 역시 입시에 실패했고, 대학에 대한 열등감은 쉽게 지워지지 않는다. 하지만 그때 당시 교육에 관심을 가진 부모를 둔 친구는 학업 성적이 낮았음에도 불구하고 더 나은 결과를 얻었다.

더 많은 교육을 받은 부모의 아이가 평균적으로 더 나은 결과를 얻는다. 이것은 어떻게 해도 부인할 수 없다. 긍정적인 면만 보면 그것이 바로 경험의 가치이기 때문이다. 마찬가지로 내 아이는 내 경험을 통해 나보다 더 나은 기회를 얻을 것이다. 세상을 살다 보면 온전히 개인의 능력만으로 성과를 얻는 것이 아님을 알게 된다. 개인의 능력에 부모의 경험과 재력 등 갖가지 요소들이 모여 개인의 성과가 된다.

가슴 아프지만 이것은 우리 사회뿐만 아니라 인류의 역사에서 그래왔다. 그러므로 불평 불만할 것이 아니라 더 나은 경험을 통해 더 나은 결과를 얻도록 노력하면 된다. 비록 실패하더라도 그 경험이 자신과 아이에게 쌓이고, 후대에 온전히 영향을 미칠 것이다. 그러므로 그동안 결과가 부족했다면 지금부터의 시간을 더 잘 사용하면 된다. 지금의 열정이 후대에 빛을 발할 테니 말이다.

유학에서 돌아올 때를 대비하라

성공적인 유학 끝에 괜찮은 성과를 가지고 오는 경우도 많지만 분명 그 반대도 많다. 일반적으로 유학을 갔다 오면 모두가 학위를 받아오는 줄 안다. 하지만 그렇지 않다. 나라마다 학교마다 다르지만 많은 이들이 아무 성과도 없이 돌아온다.

누나는 교수라는 꿈을 이루기 위해 국내에서 석사를 마치고 박사학위를 받기 위해 프랑스로 떠났다. 세계적인 석학이었던 담당 교수에게 배우며 빠르면 3년, 길어도 5년 내에 박사학위를 받기로 하고 떠난 유학길이었다. 하지만 10년 가까이 노력을 하고도 결국 박사학위를 받지 못했다. 게다가 그 대학은 수료라는 개념도 없어서 진짜 아무 성과도 없이 돌아왔다.

자신있게 해외로 떠난 이들도 막상 다시 돌아오는 경우가 많다. 그만큼 외국에서 이방인으로 사는 일이 쉽지 않다. 하물며 아이가 유학하는 것이 쉽겠는가? 그러므로 유학에 실패했을 때를 대비해야 한다. 유학에 실패하고 돌아오더라도 결코 주저앉으면 안 되기 때문이다. 그러므로 더 나은 기회를 얻기 위해서 '외국인학교 입학 기준'이나 '재외국민특별전형 자격 요건' 등을 확인해볼 필요가 있다.

외국인학교 입학 기준

외국인학교 입학 자격은 2009년 2월 개정된 법안으로 인해 국내 체류 중인 외국인의 자녀, 외국에서 총 3년 이상 거주한 내국인으로 제한한다.

재외국민특별전형 자격 요건

외국 고등학교 졸업(예정)자 혹은 외국 고등학교에서 국내 고등학교에 전학한 졸업(예정)자 중, 외국에서 고교 과정 1년 이상을 포함하여 중고등학교 과정을 총 3년 이상 이수한 자(연속, 비연속 무관).

즉, 유학을 통해 외국에서 중학교 2년, 고등학교 1년 이상을 마치면, 외국인학교로의 전학도, 재외국민특별전형을 통한 대학입학도 가능하다. 단, 주의할 점이 있다. 아이뿐만 아니라 부모의 해외 거주 기간도 자격 요건에 해당하므로, 부모 역시 일정 기간 아이와 함께 해외에 거주해야 한다. 자세한 내용은 모집요강을 확인해보자. 또한 외국의 학기 시작일이 우리와 다르기 때문에 유학 시기에 따라 인정받지 못하는 학기가 발생할 수 있다. 그러므로 실제 유학을 갈 예정이라면 시기를 정확하게 문의하고 가는 것이 안전하다.

이처럼 3년 이상 해외 유학을 한 뒤 외국인학교로의 전학 그리고 재외국민특별전형을 통한 대학입학은 쉽게 명문대로 입학하는 방법으로 알려져 있다. 이 방법이 옳은 방법이라고는 할 수 없으나 부모의 재력과 교육 수준을 통해 다른 아이보다 쉽게 국내 명문대에 들어갈 수 있는 하나의 통로인 것은 분명하다.

이민

이민이 매력적인 이유는 단순히 아이의 해외 대학 진학 때문이 아니다. 아이의 사회성 때문이다. 이런 주장이 많은 이견을 낳을 수도 있지만 분명 이민이 사회성에 긍정적인 영향을 미친다는 사실은 부인할 수 없다. 우리가 흔히 유학을 가는 북미권이나 유럽 국가의 사람들을 보면 일반적으로 자유롭다. 편하게 인사를 하고, 자기 감정 표현에 능하다. 좋고 싫고가 분명해 때로는 쉽게 남에게 상처를 주기도 하지만, 받아들이는 쪽도 쿨하게 잘 넘기는 편이다.

특히 사람을 대할 때 편견 없이 바라보는 경향이 있다. 예를 들어보겠다. 한 여자가 한 남자에게 가까이 붙어서 이야기하고, 크게 웃고, 귓속말을 한다. 그 모습을 보면 당연히 여자가 남자를 좋아한다는 생각이 든다. 하지만 남자의 대답은 다르다. "그 여자는 사람과의 관계에 있어서 거리가 매우 가까운 스타일이야." 나는 행동을 판단했고, 남자는 행동을 편견 없이 바라봤다.

이처럼 우리나라를 포함한 아시아권 국가에 비해 북미권이나 유럽 국가 사람들이 대체로 감정 표현에 더 자유롭고 편견 없이 사람을 대한다고 생각한다. 무언가 걸리는 게 없다. 상처가 적다. 상처가 잘 아무는 힘이 있다. 과연 이유가 뭘까? 고민을 거듭하다 이유를 학교 교육에서 찾았다. 그들의 학교 교육 말고는 달리 설명할 수 없기 때문이다. 국민성이라고 말하면 더 기분 나쁘지 않은가.

첫째, 입시 스트레스가 적기 때문에 학교 생활과 학업 분위기가 자유롭다. 공부는 원하는 아이가 대학에 가서 한다는 생각이 강하다. 그렇기 때문에 학교 생활이 즐겁고, 그 속에서 자유로움을 배운다. 둘째, 수업 방식이다. 교사가 앞장서면 아이들이 뒤에서 따라가는 수업방식이 아니라 교사와 아이들이 함께 손을 마주 잡고, 생각을 나누는 수업방식이다. 이런 수업방식은 아이의 의사 표현 능력을 길러준다.

그렇다면 이와 같이 아이에게 긍정적인 영향을 미치는 학교 교육의 힘은 어디에서 나왔을까? 바로 사회인식에서 나왔다. 자유로운 감정 표현에 익숙하다 보니 다양하고 자유로운 의견 교환이 가능하다. 그를 통해 생각이 성장하고 결국에는 사회에 대한 옳고 그름의 인식, 즉 사회인식이 생겨나는 것이다. 그러한 사회인식이 있으니 입시가 교육의 목적이 되지 않고 아이를 있는 모습 그대로 바라보며 그에 맞는 교육을 할 수 있다. 즉, 사회인식이 교육의 힘을 키우고, 교육을 통해 다시 온전한 사회 구성원을 만드는 것이다. 선순환이다. 그렇기 때문에 이민은 유학보다 더 근본적인 장점이 있다. 앞에서 말한 근원적인 문제, 즉 사회인식 부족 문제를 단번에 해결해버리는 것이다. 이민이 매력적인 이유이다.

투자 이민

돈이 있다면 투자 이민만큼 안정된 이민은 없다. 이민국의 입장에서 볼 때 가장 긍정적인 이미지의 이민이기 때문에 거부감이 적다. 당연하다. 자신의 나라에 돈을 들고 들어오기 때문이다. 10년 전만 해도 20만 달러(약 2억 원)면 캐나다 퀘벡 주의 투자 이민이 가능했다. 그런데 조건이 매우 좋았기 때문에 아시아 국가의 많은 사람들이 이민을 했고, 그 결과 문제점이 다수 발생했다. 결국 한동안 캐나다 퀘벡 주 투자 이민은 중단과 재개를 반복했다. 최근에 다시 재개되었지만 투자 금액은 120만 달러(약 12억 원)로 껑충 뛰어버렸다.

이제는 매력적인 투자 이민국을 찾기 힘든 것이 현실이다. 하지만 아직도 찾아보면 50만 달러(약 5억 원) 정도의 비용으로 투자 이민을 할 수 있는 곳도 남아 있다. 그러므로 잘 알아본다면 이민의 목적을 이룰 수 있는 매력적인 국가를 찾을 수 있다.

국제학교, 대안학교

국제학교나 대안학교에 대한 관심도 높아지고 있다. 개인적으로는 해외 교육과 같은 효과를 얻으려면 대안학교보다 국제학교가 더 좋다고 생각한다. 왜냐하면 실제 외국의 학교와 동일한 수준의 커리큘럼과 교사가 있기 때문이다. 또한 아빠가 기러기 생활을 하지 않고도, 가족과 함께하며 유학과 이민의 긍정적인 효과를 얻을 수 있다. 국제학교는 제주 영어교육도시나 인천 등 전국적으로 설립되어 있기 때문에 잘 알아보고 지원한다면 원하는 수준의 결과를 얻을 수 있다.

대안학교는 공교육의 문제점을 보완하기 위해 생겨나기 시작했는데, 학교가 자율적으로 수업 내용을 선택할 수 있는 학교이다. 그렇기 때문에 아이는 좀 더 자유로운 학습 분위기를 느낄 수 있고, 하고 싶은 공부에 집중할 수 있다. 대안학교에는 학력이 인정되는 인가형과 인정되지 않는 비인가형이 있으며, 그중 일부는 설립 취지에 맞춰 잘 운영되고 있는 것으로 보인다. 아이와 부모 역시 만족도가 높아 많은 지원자들이 모이고 있다.

하지만 일부 대안학교의 경우, 설립 취지에 맞는 양질의 교육이 지속되고 있는지 합리적으로 의심해볼 필요도 있다. 왜냐하면 대안학교는 사업적인 관점에서 볼 때 수익을 내기 어렵기 때문이다. 내가 거의 1년 동안 대안학교 설립을 준비해본 경험의 결과이다.

대안학교를 운영하는 입장에서 보면, 학급당 적은 인원의 아이들에게 일정 수준의 교육을 제공하기 위해서는 최소 한 달에 300만 원 이상의 수업료를 받아야만 한다. 최상의 교육을 제공하기 위해서는 그 이상이 필요하다. 실제로 한 달에 200만 원 이상 받는 한 대안학교도 운영의 어려움으로 인해 교직원의 월급이 밀리는 사례가 있다고 한다.

대안학교가 온전히 운영되기 위해서는 한 가지 방법밖에 없다. 후원이다. 하지만 밑 빠진 독처럼 보이는 대안학교에 끊임없이 돈을 쏟아부을 사람은 드물다. 그러므로 아이를 대안학교에 보내고자 한다면 실제 운영 현황에 대해 충분히 알아보고 지원하는 것이 좋다.

특수목적고, 자율형사립고

입학전형을 통해 선발하기 때문에 일반 학교에 비해 수업 분위기는 긍정적이다. 그나마 저렴한 비용으로 다닐 수 있고, 공부할 의지가 강한 아이에게 적합하다. 또한 입시경쟁에서 승리했다는 사실은 아이에게 좋은 수확물이다. 그 수확물은 학업에 더욱 큰 열정을 쏟을 수 있는 밑거름이 된다.

하지만 이 목적만을 위해 아이를 공부에만 온종일 매몰시킨다면 오히려 아이를 망칠 수 있음을 분명히 알아야 한다. 또한 특목고, 자사고는 분명 설립 목적에 맞춰 지원해야 한다. 더불어 현재의 실력이 부족하다면 지원하지 않는 것이 좋다. 괜한 욕심은 아이에게도, 부모에게도 상처만 남기기 때문이다.

패러다임 시프트
학교는 의무가 아닌 선택이다

학교라는 울타리 안으로 들어가되 단점을 줄여보자는 목적에서 앞서 소개한 대안들을 고려해볼 수 있다. 하지만 이런 대안들은 분명 쉽게 선택할 수 있는 것이 아니다. 그렇기 때문에 어떤 대안을 선택하고자 아이에게 또다시 열정을 강요한다면, 그것은 결코 아이에게 도움이 되는 선택이 아니다. 그리고 부모의 삶에도 원치 않는 희생이 뒤따르게 된다.

그러므로 아이와 부모는 좀 더 넓게 생각해볼 필요가 있다. 즉, 패러다임 시프트(인식의 전환)가 필요하다. 학교를 무조건 가야 한다는 생각을 버리자. 학교는 집단 교육을 위한 곳이지 개인 교육을 위한 곳은 아니다. 그렇기 때문에 학교의 단점이 싫다면 학교를 선택하지 않아도 된다. 선택은 아이와 부모의 몫이다. 만약 학교 교육을 선택하지 않는다면 아이와 부모는 또 다른 기회를 얻게 될 것이다.

아이가 뭔가를 배울 때 가장 좋은 것은 교사가 일대일로 가르치는 것이다. 일대일이 아니면 교사는 아이의 특성에 맞춰 가르칠 수 없다. 그렇기 때문에 사교육 중에 과외나 개인 레슨이 가장 비싸다. 내가 교회학교에서 교사를 할 때, 한 반의 아이들이 많을 때는 10명, 적을 때는 2~3명이었다. 한 사람이 10명을 가르치는 일은 쉽지 않다. 아이들의 성향과 지식이 각각 다르기 때문이다. 이때 방법은 단 하나, 아이들의 성향이나 지식을 무시한 채 적당한 수준으로 가르치는 것이다. 그렇게 하면 어떤 아이는 지루하고, 어떤 아이는 여전히 어렵다. 학교도 마찬가지이다. 아이들을 모아놓고 적당한 수준을 유지한다. 아이들은 앞에서 무슨 말을 하는지도 모른 채 그저 의무감에 앉아 있다.

이제 인식을 전환하자. 학교는 의무가 아닌 선택이다. 학교를 선택하지 않으면 아이를 일대일의 환경에서 교육할 수 있다. 나아가 삼대일, 사대일의 환경에서도 교육할 수 있다. 하지만 인식의 전환은 분명 쉽지 않다. 그렇기 때문에 고민하게 된다. 바로 그 고민에서 시작한다. 나도 그랬고, 전 세계에서 홈스쿨링을 하는 수많은 부모들도 그랬다. 그러니 먼저 고민부터 시작하자. 시작이 반이다.

부모는 내 아이 전문가이다

홈스쿨링에 관심 있는 부모들이 가장 많이 하는 질문은 "제가 할 수 있을까요?"다. 그 마음이 이해되고도 남는다. 처음 홈스쿨링을 하려고 마음먹자 두려움이 몰려왔다. '내가 과연 아이를 잘 양육할 수 있을까? 잘

못 가르쳐서 아이에게 문제가 생기면 어쩌지?' TV나 라디오에서 가끔 교육 전문가들이 한마디씩 하면 마음이 무거웠다. '나한테는 저런 교육학 지식이 없는데, 지금이라도 교육학을 전공해야 하는 게 아닌가?'

결론부터 말하면 쓸데없는 고민이다. 아이를 사랑하는 부모라면 전혀 걱정할 필요가 없다. 우리는 아이를 키울 때 정밀기계를 다루듯이 키우지 않는다. 또한 아이를 키우는 데 어떤 조건이 있는 것도 아니다. 더불어 늦는 것은 없다. 물론 빨리 실행하면 좋은 것들이 많지만 늦었다고 해서 아이를 잘못 키우는 건 아니다. 그렇기 때문에 걱정을 덜어버리는 일이 우선이다.

아이는 이성과 감정을 가진 인간이다. 혹여 우리가 잘못된 교육방식으로 가르치더라도 시간이 지나 스스로의 깨달음을 통해 충분히 좋은 방향으로 변화할 수 있다. 그렇게 되기 위한 필수조건이 바로 아이에 대한 사랑과 관심이다. 사랑과 관심이 있다면 나머지는 다 해결할 수 있다. 우리의 부모가 교육학을 전공한 전문가라서 우리를 키운 게 아니다.

우리는 전문가가 되기 위해 체계적인 교육을 받아야 한다고 생각한다. 그래서 초등학교 1학년부터 기초를 잘 쌓아 석사, 박사까지 쭉 가야 한다고 여긴다. 건축을 예로 들며 기초를 잘 쌓지 않으면 무너져버린다고 말한다. 이런 인식이 오히려 부모로 하여금 혼자서는 아이를 교육할 수 없다고 생각하게 만든 것은 아닐까? 그럼 다시 그 인식으로 돌아가 보자. 과연 체계적인 교육을 받아야만 전문가가 될 수 있을까? 우리 주위에 전문가라 불리는 이들은 모두 다 체계적인 교육을 받은 사람일까? 아니다.

어떤 작곡가는 수없이 많은 히트곡을 작곡, 작사했지만 작곡의 기초인 화성법도 모른다. 화성법뿐만 아니라 심지어 코드도 모른다. 그저 작곡 프로그램으로 이리저리 놀고 부딪쳐보면서 작곡을 하게 되었다. 한 버튼, 한 버튼을 눌러보면서 어떤 기능인지를 익히고, 곡 같지 않은 수많은 곡을 만들면서 결국 완성도 있는 곡을 만들게 된 것이다. 결국 우리나라 최고의 작곡가가 되었다. 이처럼, 체계적인 교육 없이도 노력한다면 전문가의 반열에 오를 수 있다. 나도 목수로서 어떤 교육도 받지 않았지만 혼자서 30평 규모의 목조주택을 지을 수 있다. 그저 집을 보수할 때마다 목수를 부르는 것이 부담되어 스스로 하기 시작한 지 10년 만에 이룬 실력이다.

다시 건축의 기초로 돌아가보자. 기초를 잘 다지는 게 초고층 빌딩을 짓는 데 있어 중요한 것은 사실이다. 하지만 기초에 집중하다 보면 기초만 짓다 지쳐버릴 수 있다. 초고층 빌딩이라는 머릿속 이상을 가지고 수없이 기초를 다지는 것은 쉬운 일이 아니기 때문이다. 이때 좋은 방법은 바로 부딪쳐보는 일이다. 그저 작은 집을 지어보는 것이다. 처음에는 형편없는 집을 지을지도 모른다. 하지만 다음에는 좀 더 나은 집을 지을 것이다. 그렇게 반복하다 보면 자연스레 기초에 대한 지식도, 재미도 생긴다. 그렇게 점점 전문가가 될 수 있다. 이제 마음을 먹고 부족한 점만 보충하면 언제든지 초고층 빌딩도 지을 수 있다.

내 아이 전문가가 되기 위해서는 이처럼 그저 부딪치는 과정이 필요하다. 서점에 가면 수많은 책이 넘쳐난다. 책은 한 사람의 경험을 응축해놓았기 때문에 책을 잘 읽으면 그 사람의 노하우를 온전히 습득할 수 있다. 즉, 책을 1권 읽는 것은 작은 집을 1채 짓는 것과 같다. 또한 EBS나 그 밖의 채널에서 하는 교육 관련 프로그램은 최고의 교육 전문가들의 의견을 모아 만들어진다. 이만큼 좋은 보약이 없다. 1~2시간 만에 반전문가가 될 수 있다. 작은 집을 단시간에 10채 짓는 것과 같다. 이처럼 체계적인 교육 없이도 전문가가 되는 방법은 많다.

우리는 인정하든 인정하지 않든 내 아이 전문가이다. 누구보다 내 아이를 잘 안다. 사랑과 관심이 있기 때문이다. 우리는 노력할 것이다. 아이 교육에 대한 책도 읽고 방송 프로그램도 볼 것이다. 이와 같은 방법으로 지식을 갖추고 아이에게 적용해보며 시행착오를 겪으면 누구나 내 아이 전문가가 될 수 있다. 그러므로 이제는 고민을 넘어 자신감을 가지고 당당하게 나아가면 된다.

좋은 부모가 좋은 아이를 만든다

'좋은 아이'란 부모가 원하는 모습대로 자란 아이를 의미하진 않는다. 아이가 가진 모습 그대로 올바로 자란 아이를 의미한다. 좋은 아이가 되기 위해서는 먼저 부모가 좋은 부모가 되어야 한다. 부모가 편견에 사로잡히고 열등감에 빠져 있다면, 아이가 편견과 열등감 없이 자라는 것은 불가능하다. 아이는 부모의 영향력 아래에 있다. 그러므로 아이가 잘 자라길 원한다면 부모가 먼저 변해야 한다.

그렇다면 어떤 부모가 좋은 부모일까? 아이에 대한 사랑과 관심은 기본이다. 기본에 한 가지를 더해야 한다. 바로 아이를 객관적으로 바라보는 눈이다. 남들에겐 냉정할 정도로 객관적인 부모도 자기 아이에게는 잘 되지 않는다. 하지만 부모가 객관적이지 못하면 아이는 어느새 전혀 예상하지 못한 모습으로 변해버릴지도 모른다.

친구에게 늘 화를 내고 소리를 지르는 아이가 있다. 그 아이의 부모와 대화를 나눠보면 아이는 지금까지 전혀 문제가 없었다고 한다. 집에서 화를 내거나 소리를 지른 적이 없다고 한다. 오늘 처음 이런 모습을 보였는데, 이는 다른 아이의 문제 때문이란다. 이해되지 않았다. '집에서 새는 바가지 밖에서도 샌다'는 말이 있듯이, 집에서도 그런 모습을 보였을 것이다. 결국 그 아인 같은 문제를 몇 번 반복했지만, 그때마다 부모는 그 상황을 있는 그대로 받아들이지 못했다. 결국 주위 사람들은 부모와의 관계 악화를 염려해 손을 놓았고, 얼마 지나지 않아 아이와 부모는 같은 문제로 커다란 곤욕을 치렀다.

만약 부모가 아이를 객관적으로 볼 수 있다면 부모는 아이의 문제를 파악할 수 있었을 테고, 더 큰 일을 겪지 않았을 것이다. 이처럼 객관적이지 않은 부모는 아이의 문제에 대해 관대하다는 특징이 있다. 자신도 어렸을 때 이 정도 문제는 있었고, 아이도 이러다 좋아질 거란 믿음이다. 자신도 지금 잘 사니 결국 아이도 문제없이 잘 살 거란 말이다. 하지만 이는 커다란 착각이다. 아이는 자라면서 주위의 수많은 영향을 받고, 그에 따라 변한다. 즉, 아이가 부모처럼 자란다는 걸 결코 보장할 수 없다.

그러므로 부모는 늘 아이를 객관적으로 보기 위해 노력해야 한다. 아이가 문제를 일으켰을 때 그 상황을 객관적으로 보고 아이가 스스로 자신의 문제를 인식할 수 있도록 도와야 한다. 그렇게 해야 아이는 깨달음을 통해 좋은 아이로 변할 수 있다. 그러므로 부모는 아이를 더욱더 객관적으로 보기 위해 노력해야 한다. 그래야 좋은 부모가 될 수 있다.

아이에 대한 비난을 어떻게 감당할 것인가?

내가 보기에는 전혀 문제가 없는데 때로는 사랑스러운 내 아이를 남이 비난할 때가 있다. 그럴 때 부모는 화가 난다. 화난 마음을 감추고 비난한 사람을 친절히 대하면 어느새 비난한 사람은 부모의 눈치를 본다. 왜? 부모가 비난을 싫어하는 것을 어색한 친절함 속에서 느꼈기 때문이다. 그러면 어떤가? 아이가 더 이상 비난받지 않아 좋은가? 어떤 부모는 잘 되었다고 생각할지 모른다. 하지만 비난을 받지 않고 자란 아이는 시간이 지나 더 큰 어려움을 겪을 수도 있다.

어떤 아이든지 비난을 받을 수 있다. 왜냐하면 아이는 아직 어리기 때문에 다른 부모들이 보기에 빈틈이 많다. 그렇다고 부모들의 비난이 무조건 옳다는 뜻은 아니다. 하지만 그중에 분명 올바른 비난이 있을 수 있다. 올바른 비난이었음에도 아이에 대한 비난에 감정적으로 대응하면 아이는 성장할 기회를 잃게 된다. 아이는 자신의 행동이 어떤 영향을 미치는지 스스로 깨달아야 한다. 그래야 고친다. 그렇기 때문에 부모는 내 아이에 대한 비난을 성장의 계기로 봐야 한다.

한 부모는 아이에 대한 정당한 비난에 감정적으로 대응했고, 결국 그 아이의 모난 성격은 학교에서 전학을 요구할 정도로 심해졌다. 만약 아이가 받는 비난을 통해 아이를 되돌아보았다면, 그 아이는 잘 성장했을 것이다. 그러므로 비난을 성장통이라고 생각하고 잘 받아들여야 한다. 동시에 앞서 말했듯이 객관성을 유지해야 한다. 그리고 그 객관성을 통해 정당하지 못한 비난에 대해서는 아이와 대화를 나눠 당당하게 대응할 수 있어야 한다. 그래야만 아이가 옳고 그름을 정확히 인식할 수 있게 된다. 그렇게 되면 아이는 부모를 튼튼한 울타리로 생각하고 더 멀리 날 수 있다.

더불어 다른 아이에게 너무 쉽게 충고하는 부모들도 아이의 성숙하지 못함에 대해 조금 너그럽게 볼 필요가 있다. 자존감이 낮은 아이의 경우 비난을 받으면 이를 극복하지 못하고 더욱 자존감이 낮아지기도 한다. 그러므로 성숙한 부모라면 다른 아이도 내 아이와 같이 사랑하는 마음으로 충고를 해야 한다.

소중한 가치를 선택하라, 그리고 그 선택의 단점을 받아들여라

한때 『성공하는 사람들의 7가지 습관』이란 책이 열풍이었다. 이 책을 보면 "소중한 것을 먼저 하라"는 말이 나온다. 매우 중요한 습관이다. 우리가 사는 사회에는 수많은 가치가 존재한다. 하지만 우리가 그 모두를 가질 수는 없다. 그러므로 수많은 가치 중 소중한 가치를 먼저 선택해야 한다. 소중한 가치는 부모가, 때로는 부모가 아이와 함께 선택해야 한다. 왜냐하면 모든 가치에는 선택에 따른 장점과 단점이 존재하기 때문이다. 그러므로 소중한 가치를 선택하기 위해 지혜를 모아야 한다. 만약 모두 다 소중해서 모든 가치를 다 이루기 원한다면 둘 중 하나이다. 아이가 힘들어하여 아프거나, 어떤 가치도 이루지 못하거나.

작은 집을 동경하는 사람들이 있다. 나도 마찬가지이다. 그래서 넓은 대지에 작은 집을 짓고 살고 싶다. 『로이드 칸의 아주 작은 집』이란 책에서는 '타이니하우스'라 불리는 6평 정도 되는 집에 사는 이들을 소개한다. 그 책에 나오는 한 사람은 작은 집의 장점이 짐을 늘릴 수가 없는 것이라고 했다. 보통 집에 살 때는 쇼핑하다 보면 당장 필요 없는 것도 많이 샀는데, 이제는 집이 작아 둘 공간이 없어서 그럴 필요가 없다고 했다. 작은 집에 살면 흔해빠진 양문형 냉장고는 꿈도 꾸지 못한다. 어느 집에나 있는 전자레인지도 없어 밥을 데워 먹는 것도 쉽지 않다. 즉, 불편하다. 하지만 그들은 작은 집이 주는 장점이 좋기 때문에 단점을 감내한다.

가치란 그런 것이다. 가치는 서로 충돌을 겪는다. 아이와 하루 1시간 몸 놀이를 해주고, 하루 1시간 공부를 가르쳐주고, 하루 1시간 엄마를 위해 집안일을 도와주는 아빠가 회사 일로 야근을 할 수는 없다. 아니, 정시에 퇴근해도 쉽지 않다. 아이와 엄마를 배려하는 아빠가 될 것인가? 회사에서 인정받아 임원까지 오르는 아빠가 될 것인가? 선택은 가치에 따라 달라지고, 가치에 따른 단점은 가족이 함께 받아들여야 한다.

하지만 단점을 감내하기 싫다는 이유로 이것저것 원하면 힘들다. 이상해진다. 모두가 욕구불만에 빠진다. 최악의 상황에는 가족이 붕괴되기도 한다. 선택지의 정답은 내가 적는 것이다. 그러므로 주어진 현실을 가지고 남 탓을 하거나 사회 탓을 해서는 안 된다. 그저 선택한 가치의 소중함을 누리고 그 선택의 단점을 겸허히 받아들이면 된다. 그래야 행복할 수 있다.

3

홈스쿨링?
홈스쿨링!

아이를 가장 사랑하는 사람이 누구인가?
바로 부모이다. 물론 부모의 잘못된 사랑이
아이를 망치는 경우도 있다.
하지만 아이를 진심으로 사랑하는 부모라면
충분히 가장 좋은 교사가 될 수 있다.

홈스쿨링은
무엇인가

홈스쿨링을 간단히 말하면, 학교에 가지 않고 학교에서 배울 공부를 집에서 하는 것이다. 간혹 어떤 이는 홈스쿨링을 방과 후 사교육 없이 집에서 공부하는 거라고 생각한다. 하지만 아니다. 핵심은 학교를 가지 않는 데 있다. 학교에서 낭비되고 있는 아이의 시간을 지키기 위해서이다.

　학교에 가지 않으면 공부를 어떻게 할까? 집에서 한다. 국어, 영어, 수학, 사회, 과학, 한국사, 음악, 미술, 체육뿐만 아니라 경제, 문화, 세계사 등 아이에게 필요한 모든 과목을 때론 스스로, 때론 부모와 함께, 때론 외부 활동을 통해 공부한다. 집, 즉 가정이 내 아이를 전담하는 맞춤 학교가 되어 아이를 가르치는 것이다. 이것이 바로 홈스쿨링이다.

홈스쿨링은 '가족 문화'이다

홈스쿨링을 하는 데 가족 문화를 운운하고 여러 가지 조건들을 제시하면 불편하다. 하지만 이상적인 가족이라면 언젠가는 해야 할 일인지도 모른다. 노년에 들어선 할아버지들은 대체로 손자, 손녀에게 애틋함을 느낀다. 그런데 그 이면에는 젊은 시절 막상 내 아이에게 잘해주지 못한 것을 후회하며 이제라도 잘 해야겠다는 마음이 있다. 아이가 어렸을 땐 바쁘다는 핑계로 아빠로서의 역할을 등한시했다. 아이가 학교에 다닐 땐 먹고살기 바빠 아이를 돌볼 겨를이 없었다. 때론 아이와 놀아주고 싶었지만 피곤했다. 그리고 시간이 지나 할아버지가 되었다. 이제는 집에 머무는 시간이 많다. 그 시간 동안 아이도 자랐고 더 이상 아빠에게 관심이 없다. 가끔은 아빠로서의 권위를 운운하지만 아이에게 해준 게 없는 것 같아 막상 주장하진 못한다. 아빠는 이제야 시간이 있는데, 이제 아이는 시간이 없다.

누구에게는 당연한 일로, 누구에게는 비참한 현실로 다가온다. 아빠는 슬프다. 왜냐하면 아이를 온전히 사랑해주지도 못했고, 아이에게 온전히 사랑받지도 못했기 때문이다. 외로운 인생을 사는데 아이와의 온전한 추억도 없다면 얼마나 쓸쓸한가? 그러므로 부모는 아이와의 시간이 얼마나 소중한지를 인식해야 한다. 세상에 소중한 것이 많지만 내 아이, 내 가족보다 더 소중한 것은 없다. 많은 이들이 그렇게 생각한다. 하지만 그렇게 생각하면서도 가족과의 시간을 등한시한다.

가족과 함께 보낼 시간이 많은 것 같지만 실상은 그렇지 않다. 시간은 빠르고, 아이는 금방 자란다. 아이는 얼마 지나지 않아 정신적으로 독립한다. 그렇기 때문에 아이가 어렸을 때 더 많은 시간을 함께하기 위한 방법을 마련해야 한다. 그것이 아이의 정서에 영향을 미치고, 더 나아가 부모가 노년에 들어섰을 때 자연스러운 가족 관계를 만들 수 있다. 그리고 그 관계가 바로 가족 문화가 되는 것이다.

가족 문화에서 가장 중요한 부분이 시간이다. 시간을 함께 보내면 그 가운데 추억이 쌓이고 경험이 된다. 그렇게 좋은 경험을 하다 보면 가족이 함께 어떻게 시간을 보내는 것이 좋은지, 가족이 함께 무엇을 할 때 가장 행복한지를 알게 된다. 즉, 설날에는 이걸 하고, 추석에는 저걸 하는 등의 일관된 행동 양식이 생긴다. 그것이 바로 가족 문화이다. 그리고 그 가족 문화 속에 홈스쿨링도 반영될 것이다. 그렇게 되면 가족 문화도, 홈스쿨링도 자연스럽게 뿌리내릴 수 있다. 그러므로 아직 가족 문화가 없다면 만들기 위한 시도를 해야 한다. 그리고 가족 문화를 통해 아이가 더 행복해지도록 노력해야 한다.

올바른 부모상을
정립하라

사실, 부모도 어리다. 잠깐 단잠을 자고 일어난 것 같은데 어느새 부모가되었다. 그런 부모에게 부모로서의 온전한 모습만 강요한다면 부담스럽다. 그렇다고 부모가 언제까지 어리게 있을 수는 없다. 성숙해져야 한다. 올바른 부모상을 정립하는 데 있어 성숙이 밑거름이 되기 때문이다.

올바른 부모상에 대해서는 이견이 있을 수 있다. 각자 추구하는 가치가 다르기 때문이다. 인정한다. 가치에 따라 다양한 모습을 가진 부모상이 있을 수 있다. 각자가 추구하는 올바른 부모상을 가지고 아이를 양육한다면 사회는 더욱 풍성해지고 발전할 것이다.

각각 옳다고 믿는 가치를 통해 올바른 부모상을 정립했다면 그것을 존중한다. 하지만 간혹 올바른 부모상을 정립했다는 부모에게조차 문제가 되는 부분이 있다. 바로 방식과 태도에 대한 것이다. 올바르지 않은 방식과 태도로 올바른 부모상을 실현할 수 있는지에 대해서 고민해볼 필요가 있다.

　내 교육방식은 평소에는 맘껏 사랑해주되 잘못한 일이 있으면 쌓아 두었다가 한 방에 혼내는 스타일이었다. 그래서 아이의 엉덩이를 마치 배구선수가 스파이크를 하듯 세게 때렸다. 그렇게 혼내는 것이 옳다고 생각했다. 하지만 그런 모습 속에 분노도 있었음은 부인할 수 없다. 그리고 가끔씩 겁에 질린 아이의 표정이 떠올라 힘들었다. 그렇게 한 1년을 양육한 이후로는 더 이상 엉덩이를 때리지 않는다. 이런 방식이 옳지 않다는 것을 깨달았기 때문이다.

　어떤 부모는 화를 내거나 소리를 지르는 등의 태도를 보인다. 아이를 기르다 보면 유독 내 아이만 늦어 보일 때가 있다. 그런 상황에서 부모는 화가 난다. 기다려주고, 아이가 그럴 수 있다고 생각해야 하는데 소리를 먼저 지른다. 그리고 화를 낸다. 그 결과 아이는 자존감이 떨어지고 눈치를 보게 된다. 이런 부모 역시 태도를 고치기 위해 노력해야 한다.

　올바른 부모상은 올바른 방식과 태도가 포함되는 것이다. 아무리 올바른 부모상을 정립했더라도 방식과 태도에 문제가 있다면 허상에 불과하다. 그러므로 부모는 올바른 부모상을 정립하고 이를 체득하는 과정을 거쳐야 한다. 힘들지만 부모도 견디고 이겨내야 한다. 그래야만 아이에게 올바른 부모상을 남겨줄 수 있다. 만약 그렇지 않으면 아이는 부모의 기대와 다른 모습으로 부모를 기억할 것이다. 그리고 아이마저도 올바르지 않은 모습으로 자랄지도 모른다.

부모는 가장 좋은 교사이다

'부모는 가장 좋은 교사이다'라는 정의를 받아들이기 위해서는 먼저 교사에 대한 환상을 버려야 한다. 교사도 똑같은 사람이다. 아이가 잘못된 행동을 하면 싫어하고, 때로는 이유 없이 아이를 미워하기도 한다. 아이를 편애할 수도 있고, 부모 앞에서와 아이 앞에서의 모습이 다를 수도 있다. 물론 좋은 교사도 있다. 인정한다. 사회에 좋은 사람이 있듯이 학교에도 좋은 성품을 가진 교사가 있다. 하지만 내 아이가 그런 교사를 만날 확률이 몇이나 될까? 물론 로또만큼 희박한 확률은 아니겠지만, 어쩌면 학창시절 동안 단 한 번도 만나지 못할 수 있다. 그렇기 때문에 '학교에서 내 아이가 올바른 교육을 받고 있겠지'라는 생각은 착각일 수 있다.

아이를 가장 사랑하는 사람이 누구인가? 바로 부모이다. 물론 부모의 잘못된 사랑이 아이를 망치는 경우도 있다. 하지만 아이를 진심으로 사랑하는 부모라면 충분히 가장 좋은 교사가 될 수 있다. 자녀 교육에 대해 고민하고 아파하는 부모라면 이미 가장 좋은 교사의 자질을 갖추었다. 하지만 부모 역시 훌륭한 교사가 되기 위해서는 배워야 한다. 냉정하게 말해 배우지 않고 아이를 가르칠 바에야 차라리 좋은 대안학교를 선택해서 보내는 것이 나을지도 모른다. 그렇지만 부모가 노력한다면, 아이를 위해서 기꺼이 스스로 배우겠다는 의지가 있다면, 훌륭한 교사가 될 수 있다. 부모가 훌륭한 교사가 된다면, 이민을 가거나 비싼 학비를 들여 특수 교육 기관에 보내는 것보다 더 나을 것이다.

부모의 실력이 어느 정도여야 하나?

부모가 가장 좋은 교사라는 데에는 동의하지만 과연 부모가 실력 있는 교사가 될 수 있는가에 대해서는 갸우뚱할지 모른다. 초등학교 고학년 수학도 자신이 없는데 고등학교 교육까지 시킨다는 것이 가능할까? 요즘 말로 왕초보 영어 실력을 가지고 있는데 어떻게 아이에게 영어를 가르칠 수 있을까? 이런 의문이 꼬리에 꼬리를 문다. 일단 큰 부담감은 내려놓고, 작은 부담감만 가지라고 말하고 싶다. 나중에 자세히 말하겠지만 아이의 교육과정을 마라톤으로 생각하자면, 우리는 아이와 함께 마라톤을 뛰지 않는다. 아이가 마라톤을 뛰기 전에 훈련을 잘 시켜줄 뿐이다. 그 말인즉슨 우리가 초등 상위 과정, 중등 과정, 고등 과정을 직접 가르치지 않는다는 뜻이다.

홈스쿨링은 초등학교 3학년이 되는 해 1월, 즉 10살부터 시작한다. 그때 잠시 동안 아이를 훈련시키는 것이다. 영어도 가르치고, 수학도 가르친다. 하지만 단순히 가르치는 것이 아니라 스스로 학습할 수 있는 습관을 만들어주는 것이다. 첫째 아이의 경우 실제로 아이를 가르친 기간은 단 열흘에 불과했다. 한 달을 예상했지만 생각보다 잘 따라왔기 때문에 시간을 줄였다. 부모와 함께 학습을 하는 시간이 길면 길수록 아이의 독립심이 줄어들기 때문에 짧을수록 좋다.

공부는 아이 스스로 하는 것이다. 최대 1년을 훈련시간으로 정하지만, 중간중간에 아이가 잘 따라오는지를 점검만 할 뿐 그 시간 내내 부모가 교육하는 것은 아니다. 부모가 학습을 함께하는 교육 시간은 한 달을 넘어서는 안 된다. 그렇게 1년 동안 훈련을 시켜주고, 2년 차에 부족한 부분이 있다면 중간중간에 추가 훈련을 시켜주면 된다. 그리고 3년 차부터는 아이의 필요에 따라 인터넷 강의를 이용한다. 즉, 부모가 아이를 직접 가르치는 과정은 길어야 5학년 과정까지이다. 요즘 부모의 학력은 평균 고졸 이상이다. 그러므로 초등학교 5학년까지의 과정이 부담스럽지는 않다. 즉, 대부분의 부모는 홈스쿨링 교사로서 전혀 부족하지 않은 실력을 가지고 있다. 그러므로 작은 부담감만 가진다면 부모는 충분히 실력 있는 교사도 될 수 있다.

필요조건, 충분조건에 대해 말하지만 이는 절대적인 조건이 아니다. 책을 읽다 보면 독자의 형편과는 맞지 않는 조건들이 있을 수 있다. 그때 그런 조건들 때문에 홈스쿨링을 포기하는 일이 없기를 바란다. 홈스쿨링에 정해진 것은 없다. 그렇기 때문에 이러한 가이드를 제시한다. '경험해보니까 홈스쿨링은 이 길로 가는 게 좋아'라고 지도에 표시하는 것뿐, 반드시 이 길로만 가야 하는 건 아니다. 산을 넘든 강을 건너든 그건 자유이다. 그러므로 다음에 제시하는 내용에 너무 큰 스트레스를 받을 필요는 없다.

필요조건

홈스쿨링이 좋은 건 알겠다. 하지만 '정말로 홈스쿨링을 할 수 있는가?'

라고 고민이 된다면 필요조건을 보는 것도 좋다. 홈스쿨링을 하는 데 큰 도움이 되는 조건들이다.

아빠의 역할과 꿈

'아빠'가 아닌 '아빠의 역할'이다. 아빠의 역할을 아빠가 하면 당연히 좋겠지만 그렇지 못하더라도 아빠의 역할을 감당할 수 있다면 가능하다. 처음 이 책의 제목을 '아빠와 함께하는 홈스쿨링'으로 계획했다. 그만큼 홈스쿨링에서 아빠의 역할은 중요하다. 아빠가 없어도 불가능하진 않지만 아빠와 함께할 때 더 큰 힘을 발휘한다. 그래서 아빠의 역할을 충분조건이 아닌 필요조건에 넣었다.

개인적으로는 돈을 조금 적게 벌더라도 아빠는 아이와의 시간을 충분히 가져야 한다. 매일매일 아빠와 함께하는 것이 아이와 아빠 모두가 온전히 자랄 수 있는 밑거름이 되기 때문이다. 그 밑거름을 통해 아이와 아빠는 분명 사회에서 긍정적인 역할을 할 것이다. 이런 요구가 어떻게 보면 아이에게 올인하는 것처럼 보일지도 모른다. 하지만 이것은 아이와 아빠 모두에게 분명 좋은 일이다.

아빠는 아이의 홈스쿨링에 앞서 자신의 꿈이나 목표, 비전에 대해 다시 한번 생각해보는 과정이 있어야 한다. 이것은 매우 중요하다. 왜냐하면 자신은 꿈이나 목표, 비전이 없으면서 아이에게 꿈이나 목표, 비전을 이야기하는 것은 어불성설이기 때문이다. 또한 아빠의 빡빡한 삶은 홈스쿨링에 방해가 된다. 엄밀하게 말하면 아빠의 빡빡한 삶은 올바른 가족관계를 형성하는 데 방해가 된다. 그렇기 때문에 먼저 아빠가 바뀌어야 한다.

내가 아이들과 야구하는 모습을 본 한 엄마가 이렇게 말했다. "우리 남편은 아이들과 놀아줄 줄 몰라. 쉬는 날에 잠만 자고, 혼자만 있으려고 한다니까." 그런데 그 아빠를 보면 이해가 된다. 대기업에 다니는 아빠는 평균 밤 11시에 퇴근한다. 늦을 땐 새벽 2시, 진짜 퇴근이 빠른 날이 저녁 9시이다. 그렇게 회사에 매여 사는 아빠가 살기 위해 휴일에 잠을 자고 혼자만의 시간을 갖는 것은 어찌 보면 당연하다. 그 시간을 쉬지 못하면 아빠는 다음 주를 살아낼 수가 없다. 그런데 그런 아빠에게 아이와 놀아줄 줄 모른다고 푸념을 늘어놓는 것은 오히려 가족을 위해 희생하는 아빠를 몰라주는 일이 아닐까?

홈스쿨링을 고민해보려면 먼저 자신의 마음, 목적, 삶을 차분하고 진지하게 들여다보아야 한다. 삶에 얽매여 사는 아빠가 아니라, 하고 싶은 일을 하며 자유롭게 사는 아빠를 소망한다. 아이를 위해서가 아니라 먼저 자신을 위해서, 그리고 그 다음으로 아이를 위해서다. 그렇게 부모가 스스로 여유로운 삶을 찾았다면 홈스쿨링을 시작할 수 있다. 그러므로 부모가 함께 시간을 가지고 더 나은 삶을 위해 고민해봐야 한다.

첫째도 독서, 둘째도 독서, 셋째도 독서!

독서가 좋은 건 누구나 안다. 하지만 홈스쿨링에서 독서는 필요조건일 수밖에 없다. 독서는 나무를 자라게 하기 위해 겨울에 뿌리는 한 포대의 거름과 같다. 나무는 그 한 포대의 거름으로 1년 동안 자랄 힘을 갖게 된다. 홈스쿨링을 하는 데 있어 독서는 거름이다. 만약 독서가 죽을 만큼 싫은 아이라면 홈스쿨링을 다시 생각해볼 필요가 있다. 홈스쿨링을 할 때 모든 교육을 주입식으로 하기는 불가능하다. 아이가 스스로 공부해야 한다. 그것의 기초가 독서이다. 독서를 통해 방대한 지식 습득의 우주로 들어가야 한다. 독서를 습관화하지 못한 아이가 과연 홈스쿨링을 성공할 수 있을까? 물론 성공의 기준을 어디에 두느냐에 따라 다르겠지만 분명 쉽지만은 않은 시간이 될 것이다.

그렇다면 어떻게 해야 책을 읽게 할 수 있을까? 많은 전문가들이 독서는 습관이라고 말한다. 맞다. 습관이다. 그렇다면 독서를 습관화하기 위해서는 어떻게 해야 할까? 당연한 말이지만 책을 읽어야 한다. 물론 책을 좋아하는 아이라면 책이 배송되는 순간부터 책을 읽고 싶어 안달이 난다. 하지만 책에 관심 없는 아이는 다르다. 책장에 아무리 달콤한 책을 가득 꽂아두더라도 거들떠보지도 않는다. 더군다나 지금은 TV, 컴퓨터, 스마트폰 등에 더 달콤한 것들이 넘쳐나는 시대이다. 그런데 책을 읽겠는가? 아이가 책을 읽게 하려면 부모가 책을 읽어야 하고, 어렸을 때부터 부모가 책을 많이 읽어줘야 한다. 부모가 힘들다고 책을 읽어주지 않았는데 아이가 혼자서 책을 보길 바라는 것은 말이 되지 않는다. 이처럼 독서를 습관화하는 것은 분명 노력이 필요하다.

독서를 습관화하기 위해서는 먼저 독서할 수 있는 환경을 만들어야 한다. 여러 가지 방법이 있지만 내가 실제로 한 방법을 소개하고자 한다. 먼저 거실에 가족 모두가 앉고도 남을 만한 긴 테이블을 준비하자. 꼭 거실이 아니어도 좋다. 가족이 함께 모일 수 있는 여유로운 공간이면 된다. 그 공간에서 TV, 컴퓨터, 스마트폰을 없애라. 정확히 말하면 없애는 것이 아닌 옮기는 것이다. 이제 아이가 좋아할 만한 책으로 책장 두 개를 채운다. 그리고 아이와 함께 책 읽는 시간을 정하면 된다. 나는 목욕과 저녁식사 그리고 TV 시청이 끝나는 저녁 8시로 정했다. 그리고 2시간 정도를 독서 시간으로 가진다. 아이의 독서 수준에 따라, 또는 나이에 따라 책을 읽어주든지 아니면 아이는 아이대로, 부모는 부모대로 책을 읽으면 된다. 부모가 먼저 즐겁게 책을 읽으면 아이도 조금씩 책 읽는 재미를 알게 될 것이다. 참고로 책은 아이가 좋아할 만한 책이어야 한다. 지식과 지혜가 담기고 나이에 맞는다면 무슨 책이든 상관없다.

학습만화에 대한 고민

나는 학습만화가 좋지 않다고 생각하는 편이다. 첫째 이유는 만화가 상상력을 지워버리기 때문이다. 독서의 가장 긍정적인 영향은 글을 통해 상상하는 것이다. 아이에게 상상력만큼 중요한 것은 없다. 상상력은 글을 읽을 때 자연스럽게 길러진다. 글을 읽으면서 끊임없이 머릿속에 장면이 떠오른다. 하지만 만화는 상상할 필요가 없다. 이미 만화로 다 표현되기 때문이다.

둘째 이유는 아이의 독서 습관에 좋지 않다. 만화에 들어가는 글은 짧고, 대화체이다. 그렇기 때문에 만화에 익숙해지면 긴 글을 읽고 이해하는 데 어려움을 겪을 수 있다. 그러므로 독서 습관을 들여야 하는 시기에는 만화를 특히 피해야 한다.

이러한 문제로 인해 학습만화는 도서관에서 빌려보는 정도만 보여주려고 했다. 하지만 단 하나의 장점 때문에 구입했다. 그 장점은 바로 지식의 다양성이다. 200권이 넘는 학습만화에 나오는 다양한 지식을 알려줄 만한 다른 대안이 없었다. 만약 일반 책으로 그만큼의 지식을 전달하려고 한다면, 책을 좋아하는 아이도 책에 질려버릴지 모른다. 그래서 학습만화 전집을 구입했고 만족하고 있다. 단, 주의해야 할 점은 아이가 학습만화만 읽지 않도록 지도해야 한다는 점이다. 하루에 읽을 수 있는 권수를 정하고 일반 책을 함께 읽을 수 있도록 해야 한다.

참고로 말하면 나는 책 구입을 좋아하지 않는다. 그 이유는 첫째, 책을 아무리 사도 어린이 도서관만큼 다양한 책을 구입할 수 없기 때문이다. 둘째, 도서관에 다니는 습관을 들여야 하기 때문이다. 지금도 아이의 독서 습관에 도서관만큼 좋은 곳은 없다고 생각한다. 하지만 막상 아이와 책 읽는 시간을 가져보니 책이 필요했다. 왜냐하면 생각보다 아이의 독서량이 많기 때문이다. 보통 하루에 5권 정도의 책을 정독한다. 살펴보는 책까지 하면 훨씬 많은 책을 본다. 그러다 보니 책이 부족했다. 그래서 책장 2개 정도의 책은 필요하다고 판단했다. 물론 계속해서 새로운 책을 공급해주어야 한다. 새로운 책은 보통 정가 인하 도서를 구입하거나 도서관의 도서 대출을 통해 공급한다.

충분조건

있으면 좋고, 없어도 무방한 것들이다. 가볍게 받아들이면 좋을 듯하다. 가볍게 듣지 않으면 짜증이 날지도 모른다.

단독주택

28년간 아파트에 살다가 결혼한 이후로 단독주택에 살기 시작했다. 몇 년간 단독주택을 꿈꾸며 즐거웠지만 막상 살려고 하니 걱정이 되었다. 단독주택은 고칠 게 많아서 부지런한 사람이 아니면 못 산다는 말을 들어왔기 때문이다. 하지만 살아보니 고칠 게 많기보다 관리할 게 많다. 마당이 있기 때문이다. 물론 아파트에 살 때보다야 할 일이 많지만 그게 부담될 정도는 아니다. 단독주택도 무언가 고장이 나면 전문가를 불러 고친다. 그냥 아파트하고 똑같다. 하지만 타고난 성격 때문에 나는 전문가가 고치는 모습을 지켜보며 '나중에 스스로 고칠 수도 있지 않을까'라고 생각했다. 전문가가 와서 고치는 모습을 보고 배워나갔다. 그러한 것을 배움의 과정이라 생각하니 즐거웠다.

단독주택은 자유롭고, 살면서 배우는 것도 많다. 아이들과 텃밭을 가꾸며 곤충을 보고 만지는 일은 기본이다. 여름이 되면 나무 데크에 텐트를 치고 잘 수도 있다. 군이 캠핑 준비가 없어도 캠핑을 경험할 수 있다. 그리고 마당의 잔디 일부를 들어내고 아이의 모래 놀이터로 바꿀 수도 있다. 더불어 아이가 원하면 아이와 함께 마당에 작은 구조물을 만들어보고 놀 수도 있다. 처음에 아이가 마당에 아지트를 지어달라고 했을 때

걱정이 되었다. '나무로 튼튼하게 만들어도 비가 샐 텐데⋯⋯' 도저히 할 수가 없을 거 같아 모른 척하고 있었다. 하지만 아이는 때마침 생긴 커다란 냉장고 박스로 아지트를 만들고 있었다. 그리고 그걸 가지고 며칠 동안 신나게 놀았다. 그 모습을 보면서 깨달았다. 아이와의 놀이에서 완벽을 추구할 필요가 없다고. 아이는 그저 자기만의 공간을 원한 거였다. 약하든, 엉터리든, 냉장고 박스로 짓든, 나무로 짓든, 그저 주어진 것으로 만들면 되었다.

그렇게 시간이 지나 아이와 함께 집을 고치는 재미에 빠졌다. 이제는 나무 데크도 고치고, 페인트도 칠한다. 물론 아이와 함께하면 인내심이 필요하다. 하지만 그 시간을 보내며 더 나은 부모로 성장한 자신을 느낄 수 있었다. 단독주택은 아이와 함께할 수 있는 일이 참 많은 곳이다. 올해는 마당을 파서 수영장을 만들고 있다. 내년쯤에는 집 외벽에 스포츠 클라이밍 블록을 붙여서 스포츠 클라이밍을 해보길 꿈꿔본다.

공원, 운동 시설, 지자체가 운영하는 체육문화센터

아이와 함께 시간을 보내기 위해서는 함께 있을 공간이 필요하다. 하지만 막상 밖으로 나가보면 아이와 신나게 뛰어놀 수 있는 공간이 많지 않다. 심지어 학교 운동장에 가려고 해도 요즘엔 어른의 출입을 통제하는 경우가 많다. 물론 아이들의 안전을 위한 조치이지만 뻔히 아이와 함께 다니는데도 출입시키지 않는 것을 보면 이해가 되지 않는다. 그래서 공원에 가지만 공원 잔디에서 공을 차기도 자유롭지 않다. 그러므로 가장 좋은 곳은 풋살장 같은 운동시설인데 쉽게 찾기 힘들다.

그런 면에서 일반적으로 운동시설이 잘 갖춰진 신도시가 좀 더 낫다고 생각한다. 그렇다고 당장 신도시로 이사하라는 말이 아니다. 공원, 운동시설, 체육문화센터가 가까이 있는 곳에 사는 게 좋다는 뜻이다. 그래야 모두들 학교에 간 사이 빈 운동시설을 자유롭게 쓸 수 있는 특권도 경험할 수 있기 때문이다. 아무튼 자유롭게 공을 차고 놀 수 있는 곳이 생각보다 많지 않기 때문에 잘 알아보는 노력이 필요하다.

요즘 체육문화센터는 어디서든 쉽게 찾아볼 수 있다. 체육문화센터는 저렴한 가격으로 아이에게 필요한 예체능 수업을 시킬 수 있는 장점이 있다. 물론 강사의 역량이 아주 만족스러운 수준은 아니지만 저렴하게, 그리고 다양하게 경험시킬 수 있다는 점에서 좋다. 시간을 잘 맞춰서 부모도 원하는 수업을 들을 수 있다면 더욱 좋을 듯하다.

운동의 자신감

첫째 아이는 운동선수가 꿈일 정도로 운동을 좋아한다. 좋아하다 보니 많은 시간을 투입하게 되고 결과적으로 잘한다. 하지만 둘째 아이는 다르다. 가장 좋아하는 게 누워 있는 거다. 운동을 왜 해야 하는지 설명을 해줘도 전혀 받아들이지 않는다. 그러다 보니 운동하는 것을 점점 더 싫어한다. 결국 운동 중 한 가지를 배우겠다는 다짐을 받아놓고, 고르라고 했더니 인라인스케이트를 정했다.

사실 인라인스케이트 같은 강좌가 있는 게 처음에는 이해가 되지 않았다. 우리 세대는 인라인스케이트를 그냥 타면서 배웠기 때문이다. 그나마 줄넘기를 고르지 않은 것을 다행이라 생각했다.

어쩔 수 없이 인라인스케이트 강좌에 보냈다. 차근차근 가르침을 받으며 아이의 실력이 느는 것을 보고 잘 선택했다는 생각이 들었다. 알고 보니 둘째 아이는 운동을 먼저 해보는 스타일이 아니었다. 차근차근 시키면 시키는 대로 하는 스타일이었다. 그리고 자신이 잘하지 못한다는 생각이 들면 더 움츠러드는 스타일이었다. 이제는 인라인스케이트에 자신감을 얻어 제법 하고 싶어 한다. 게다가 재능 있다는 소리를 들을 정도로 다른 아이보다 진도가 빠르기도 하다. 그저 눕기만 좋아하던 몇 달 전 모습과는 사뭇 다른 모습이다. 이제는 이 아이에게 농구를 가르칠까 한다. 청소년기가 되면 친구들과 늘 농구를 할 텐데, 아이가 자신이 없으면 또다시 움츠러들 것이기 때문이다.

첫째 아이처럼 아이의 성향상 자신이 없어도 해보려는 아이가 있는 반면, 둘째 아이처럼 자신이 없으면 아예 하지 않으려는 아이도 있다. 그런 아이에게 '너는 왜 그러냐'며 압박하지 말자. 그저 조금씩 설득을 시키고, 체육문화센터처럼 편하게 배울 수 있는 곳에서 가르치길 추천한다. 때로는 이렇게 아이에게 하나하나 길을 알려줘야 할 수도 있다. 하지만 나중에는 아이가 스스로 하려고 하는 시기가 분명히 올 것이다. 그러므로 자신감을 가질 때까지 아이를 도와주는 노력이 필요하다.

사회성을 위한
방법

홈스쿨링이 좋은 것은 안다. 하지만 홈스쿨링을 하면 사회성은 어떻게 하란 말인가? 홈스쿨링에 대해 말하면 백이면 백, 부모들이 하는 질문이 있다. 바로 사회성이다. "그럼 사회성은 어떻게 기르죠?" 부모들의 관심만큼 사회성은 매우 중요하다. 나 역시 사회성이 매우 중요하다고 생각한다. 그리고 이렇게 대답한다. "바로 그 사회성 때문에 홈스쿨링을 합니다." 이렇게 대답하면 부모들은 어이없다는 표정을 짓는다.

오히려 반문하고 싶다. "학교가 사회성을 길러줍니까?" "우리에게 있는 긍정적인 사회성을, 학교에서 길러준 거라 생각하십니까?"

지금처럼 공교육이 무너지고, 온갖 나쁜 것에 노출된 아이들이 만든 온전하지 못한 사회가 과연 올바른 사회성을 길러줄 수 있을까? 오히려 그 반대라고 생각한다. 학교라는 사회에서 경험한 폭력과 왕따 등의 문제로 아이는 오히려 사회에 대한 왜곡된 인식을 가진다. 우린 이 문제에 대해 심각하게 고민해야 한다. 학교를 다니지 않으면 사회성이 떨어진다고 생각하는 이들에게 묻고 싶다. "당신은 사회성이 좋습니까?" "학교를 다 다닌 당신은 사회성이 좋습니까?" 참고로 학교를 다 다닌 나는 사회성이 그다지 좋지 않다. 굳이 핑계를 대자면 학교라는 사회에서 배운 경쟁심과 그로 인한 불신의 영향이 컸다고 말하고 싶다. 엄밀하게 말하면 집단에서는 사회성을 얻을 수 없다. 사회성은 개개인 간의 관계, 가족과의 관계에서 얻어진다. 그러므로 학교는 사회성의 첫째 요소가 아니다.

우리는 학교를 다니면 수백 명과 관계를 맺는다고 착각한다. 실제로 아이가 학교에서 지속적으로 만나는 아이들은 같은 반 친구들뿐이다. 게다가 반 친구 모두와 친밀하게 지내는 것도 아니다. 친밀하게 지내는 아이들은 기껏해야 5~6명 정도이다. 친밀한 관계를 더 이상 확대하지 않는다. 그 외의 아이들은 그저 한 공간에 있는 누군가일 뿐이다. 이런 현실을 간과한 채 학교를 다니지 않으면 사회성이 떨어진다고 생각한다. 너무 많은 아이들과 함께 있으면 아이는 불안하다. 그래서 그 불안감을 없애기 위해 몇몇의 아이들과 관계를 맺는다. 그리고 그것을 사회성이라고 착각한다. 사회성을 기르기 위해 필요한 관계는 굳이 집단이 아니어도 상관없다. 온전한 가정이라면 아빠, 엄마와의 일대일 관계에서도 사회성은 길러진다. 더군다나 학교처럼 문제가 많은 곳은 오히려 득보다 실이 더 크다. 그러므로 가정이 먼저이다. 그래도 불안하다면 다음과 같은 방법을 생각해볼 수 있다.

첫째, 대가족을 만드는 것이다. 이런 상황을 원하지 않는 부모도 많겠지만, 만약에 아이가 3명 이상에 3대가 사는 집이라면 사회성은 걱정할 필요가 없다. 왜냐하면 가족이라는 공동체는 인간 사회에서 가장 기본이 될 뿐 아니라 온전한 사회이기 때문이다. 작다고 얕보면 안 된다. 사회에서 일어나는 모든 일을 경험할 수 있다. 그리고 그 가운데서 부모가 중심을 지키고 서 있다면 아이는 온전히 자랄 수 있다.

둘째, 유치원 2년과 초등학교 2년 동안 열심히 관계를 만드는 일이다. 학교에 다니는 아이들은 모두 동네 친구이다. 학교에 다니든 다니지 않든 동네 친구는 바뀌지 않는다. 그러므로 유치원과 학교에 다니는 동안 동네 친구들과의 관계를 잘 만들어 놓는다면, 학교에 다니지 않아도 친구들과 얼마든지 시간을 보낼 수 있다. 아이는 얼굴만 한번 봐도 안다고 할 정도로 기본적으로 사회성이 열려 있다. 그렇기 때문에 이 시간에 조금만 노력한다면 얼마든지 많은 친구들과 관계를 맺을 수 있다. 그러므로 이 4년만큼은 부모도 최대한 사교적일 필요가 있다. 오히려 이 시기에 부모의 사회성이 더 문제가 될 수 있다. 아이는 전혀 문제되지 않는다. 그렇게 4년이라는 시간 동안 아이는 충분히 많은 친구들과 함께할 수 있고, 그를 통해 지속적으로 사회성을 배워나갈 수 있다.

셋째, 종교를 갖거나 동호회 활동을 하는 것이다. 교회를 예로 들면 큰 교회보다는 작은 교회가 좋다. 장년의 수가 50~100명 정도의 교회라면 부모와 나이대가 비슷한 가정도 열 가정 정도 될 것이고, 아이의 또래 친구들도 많을 것이다. 게다가 청년 세대와 노년 세대 등 다양한 세대가 공존하고, 식사를 함께하는 등 가족 같은 분위기를 느낄 수 있다. 그렇기 때문에 아이의 사회성에 도움을 줄 수 있다.

넷째, 아이가 원하는 과외활동을 하는 것이다. 수영이든, 축구든, 발레든, 피아노든, 아이가 배우고 싶어 하는 과외활동을 통해 그곳에서 관계를 맺는다. 보통 작은 곳은 10명 정도의 아이들이 있고 그곳에서 조금만 노력하면 친구를 사귈 수도, 사회성을 배울 수도 있다.

이처럼 아이의 사회성을 기를 수 있는 곳은 수없이 많다. 그러므로 홈스쿨링을 하면서 사회성을 걱정할 필요는 전혀 없다. 아직도 사회성을 위해 학교에 보내야 한다고 생각하는가? 학교를 보냄으로써 오히려 아이의 사회성에 치명적인 악영향을 미칠 수도 있다. 가정에서 기른 올바른 사회성이 학교에서 삐뚤어진 사회성으로 바뀌는 것을 수없이 봐왔다. 그러므로 부모는 아이를 사랑하는 만큼 학교라는 사회를 눈 크게 뜨고 주의 깊게 바라봐야 한다.

아이를 너무 가리지 마라

아이를 놀이터에서 놀게 하다 보면 가끔 이런 마음이 들 때가 있다. '저 아이하고는 안 놀았으면 좋겠는데……' '저 엄마는 좀 그런데……' 그런 마음이 들면 슬며시 아이에게 다가가 다른 아이들 쪽으로 관심을 돌린다. 하지만 아이는 곧 다시 그 아이와 어울린다. 그러면 '집에서 한마디 할까?' 하고 고민하게 된다.

아이가 마음에 들지 않아서, 혹은 부모가 마음에 들지 않아서는 부모의 입장이다. 아이에게는 특별히 좋고 나쁘고가 없다. 동갑이라는 사실만으로도, 같은 동네라는 사실만으로도 공통점을 찾아 신나게 논다. 하지만 부모는 그게 마음에 들지 않을 수 있다. 나도 그렇다. 모난 행동을 하는 아이가 눈에 보이면 집에 가고 싶다.

하지만 이 시기의 아이들은 그나마 가장 순수하고 좋은 마음을 가졌다. 모난 행동을 하더라도 주의만 주면 될 일이지, "쟤하고 놀지 마!" 하면 아이는 혼란을 느끼게 된다. 왜냐하면 누구는 되고, 누구는 안 되는 게 이해가 되지 않기 때문이다. 이해되지 않는데 계속해서 놀지 말라고 하면 아이는 어느새 눈치를 보기 시작한다. 눈치를 본다는 것은 '자신이 알 수 없다'는 뜻이다. 맞는지 틀린지 모른다는 것이다. 결국 아이는 친구들을 대할 때 수동적으로 대하게 되고, 결국 관계에 있어 소심해진다. 만약 아이가 놀다가 모난 행동이 심해지면 아이가 먼저 그 아이를 멀리할 것이다. 그러므로 굳이 부모가 이를 간섭할 필요는 없다. 아이가 놀 땐 그냥 내버려두면 된다.

아이의 재능을
찾아라

어렸을 때 재능을 찾는 것은 중요하다. 하지만 어려운 일이다. 재능이 음악이나 체육처럼 정해져 있다면 어렸을 때부터 교육을 시키겠지만 아이들 대부분은 재능이 보이지 않는다. 그렇다면 어떻게 해야 할까?

꿈을 이루기 위해, 나중에 결정될 어떤 것을 위해 준비를 시키는 것은 쉽지 않다. 꿈을 위해 어렸을 때부터 무언가를 했지만 결국에는 방향을 바꾸는 아이들을 수없이 봐왔다. 이처럼 재능을 찾는 일은 쉽지 않다. 게다가 미래에는 많은 직업이 없어진다. 미래가 어떻게 변할지 우리는 정확히 알 수 없다. 나의 적성과 재능이 없어질 직업에 관련된 것이라면 어떻게 한단 말인가? 그러므로 꿈을 찾는 동시에 아이가 유연한 사고를 기르도록 하는 것이 교육의 목적일 필요가 있다. 또한 부모도 유연한 사고를 가지고 아이를 대해야 한다. 정보화 시대의 사고를 가지고, 인공지능 시대를 살아갈 아이를 키울 수는 없기 때문이다.

만약 아이의 재능이 보이지 않는다면, 적성검사를 해보는 것도 좋은 방법이다. 적성검사를 통해 아이의 재능을 발견하는 경우도 있기 때문이다. 또한 검사 결과를 통해 부모는 아이의 특성을 새롭게 알 수도 있다. 부모가 아이의 특성을 모른다면 부모는 아이를 잘 양육할 수 없다. 그러므로 적성검사는 아이를 위한 것이기보다 부모를 위한 것일 수도 있다.

적성검사 결과가 나오면 그에 대해 어떻게 생각하는지를 서로 나눠야 한다. 그 결과 서로가 신뢰할 만한 결과라는 결론에 이르면 절반의 성공을 거둔 셈이다. 이제는 그 직업군에서 원하는 직업을 찾아보는 과정을 거치면 된다. 그 과정 속에서 브레인스토밍을 통해 생각을 확장하고, 그를 통해 해당 직업군에 없는 직업까지 다 검토하거나 새로 만들어야 한다. 이 과정은 무척 중요하다. 이 과정을 거치지 않으면 나중에 자신에게 더 잘 맞는 직업이 있다는 사실을 알고 후회할지도 모른다. 그렇게 원하는 직업을 혹은 꿈을 찾았다면 그를 위해 한 걸음씩 앞으로 나아가면 되는 것이다.

아이의 재능 없음을 인정하라

부모는 아이가 조금만 남들과 다르게 행동해도 '얘가 혹시 재능이 있나?'라고 종종 생각한다. 부모가 아이에게 관심을 기울이는 것은 좋은 자세이다. 그리고 실제로 재능이 있을 수도 있다. 그렇다면 금상첨화이다. 하지만 보통은 부모가 오버하는 경우가 많다. 재능이 아닌 관심이 있어서 잘하는 정도를 보고 재능이라고 판단한다.

앞에서 말했듯 아이의 재능을 찾는 것도 중요하고, 재능이 있는 것도 중요하다. 하지만 그에 못지않게 중요한 것이 있다. 바로 아이의 재능 없음을 받아들이는 것이다. 아니, 재능이 없다고 하면 조금 속상할지 모르니 내 아이의 재능이 약하다는 사실을 받아들이는 것이 중요하다.

한 아이가 있다. 그 아이는 그림을 좋아한다. 그림도 곧잘 그린다. 하지만 미술을 정식으로 배우자 한계를 느끼고 포기했다. 노력했지만 쉽지 않다는 걸 느꼈다. 재능이 있다고 생각했지만 실제는 이러한 결과일 때가 많다. 피카소 같은 재능이 있다고 생각했는데 현실은 다르다.

많은 아이들과 대화를 나눠보면 재능이 선명하기보다 희미한 경우가 많다. 교육에 대한 책이나 방송을 보면 아이의 재능을 찾으라고 한다. 하지만 많은 아이들은 딱히 재능이 보이지 않았다. 아이의 재능을 찾기 위해 노력하지 않은 것도 아니다. 적성검사도 해보고, 브레인스토밍도 해봤다. 하지만 딱히 더 선명하거나 더 좋아하는 것이 없었다. 생각보다 그런 아이들이 많다.

만약 내 아이가 그런 아이라면 어떻게 해야 할까? 기다려야 한다. 당장 찾지 못한다고 해서 인생이 잘못되는 게 아니다. 대기만성. 아직 보이지 않지만 시간을 가지고 기다리다 보면 재능도, 꿈도 찾게 되는 시기가 온다. 섣불리 재능이라고 해서 무언가를 시작했다가 아이만 상처 받을 수 있다. 그러므로 보이지 않는다면 기다리자. 아이의 재능 없음을 인정하자.

브레인스토밍

일반적으로 기업에서 제품을 개발하거나 신입사원을 교육할 때 사용하는 방법이다. 간단하게 말하면 한 가지 주제에 대해 끊임없이 생각을 확장하는 것이다. 아이와 함께할 수도 있고, 부모 혼자 할 수도 있다. 바쁘거나 무엇을 해야 하는 시점이 아니면 언제든지 할 수 있다. 나른한 오후에 누워서 할 수도 있고, 테이블에 앉아 커피를 마시면서 할 수도 있다. 나는 보통 잘 준비를 하고 누워서 하다 어느새 잠들기도 하고, 때로는 생각이 끊임없이 확장되어 잠들지 못하는 경우도 있다.

사실 브레인스토밍은 예를 들 필요도 없이 간단하다. 그저 생각하기만 하면 된다. 그저 생각을 확장시켜 독특한 아이디어를 창출하는 것이 목적이다. 우리는 직업에 대해 브레인스토밍을 해보자.

아이가 무엇을 좋아하지?

⇨ '이것' '저것' '요것'을 좋아해.

⇨ 그럼 먼저 제일 좋아하는 것처럼 보이는 '이것'에 대해 생각해보자.

⇨ '이것'을 계속 좋아하면 어떻게 될까?

⇨ '이것'과 관련된 과가 있나?

⇨ '이것'과 관련된 학교는 어디가 있지?

⇨ '이것'과 관련된 학교를 졸업하면 어떻게 될까?

⇨ '이런' '저런' '요런' 직업을 갖겠지?

⇨ 만약 3가지 중 '이런' 직업을 가지면 어떨까?

⇨ '이런' 직업을 가진 사람들은 어떻게 살지?

⇨ '이런' 직업을 가진 사람들의 만족도는 어떨까?

⇨ 계속 '이런' 직업을 가지다가 만약 그만두면 무슨 일을 할 수 있을까?

⇨ 생각보다 할 수 있는 게 많지 않아!

그럼 다시 옆으로 확장해보자.

⇨ '저것'을 좋아하니 그걸로 다시 해보자.

브레인스토밍으로 이 책을 다 채울 수 없어 아주 간단한 수준으로 적어보았다. 이런 식으로 생각을 확장하다 보면 미처 생각하지 못했던 직업도 알게 되고, 없던 직업도 만들 수 있다. 그렇게 아이의 전체 인생에 대해 생각해볼 수 있다.

참고로 브레인스토밍의 마지막은 보통 개인의 신념이나 종교로 끝을 맺게 되는 경우가 많다. 이것은 올바른 브레인스토밍을 했다는 증거이다. 왜냐하면 브레인스토밍 끝에는 가장 소중한 것이 남는데, 그것이 개인의 신념이나 종교라면 자신의 평소 생각과 일치하는 결과이기 때문이다. 만약 그것이 다르다면 욕심이 있거나 브레인스토밍을 잘못한 경우일 수 있다.

홈스쿨링은
자유이다

홈스쿨링은 자유이다. 반드시 해야만 하는 것은 없다. 아이와 부모가 하고자 하는 것을 정하고 하면 된다. 그렇기 때문에 힘들지만 더 자유롭다. 그런데 아이가 계획한 것을 잘하면 부모는 욕심이 생긴다. 그래서 계획한 것보다 더 많이 이루길 바란다. 반대 경우도 있다. 아이가 잘하지 못하면 아이에게 무조건 하라고 강요한다. 즉, 아이를 구속한다. 홈스쿨링을 하면서도 마치 학교에서 하듯 아이를 구속하는 것은 어리석은 일이다. 학업의 목표를 이루기 위해 스케줄을 지키는 것은 분명 필요하다. 하지만 아이를 구속하는 수준이 되면 안 된다.

전날 가족 일정이 늦게 끝나 늦은 시간에 잠이 들었다. 그렇다면 다음 날 오전 11시까지 잘 수 있다. 그래서 학습 스케줄을 절반밖에 소화하지 못했다면 그냥 못한 채로 끝나도 된다. 그걸 끝내야 한다고 강요할 필요가 없다. 아이의 학습목표가 있지만 그걸 못 한다고 해서 다음 학년이나 학기로 올라가지 못하는 것은 아니기 때문이다. 또 갑자기 여행을 가고 싶다는 충동적인 마음이 들면 떠나면 된다. 그렇게 되면 아이에게도, 부모에게도 기분 좋은 추억이 생긴다. 그리고 그 추억을 통해 앞으로의 시간을 살아갈 힘을 얻는다. 아이와 부모가 자유를 찾아 홈스쿨링을 시작했다면 필요할 때 자유를 누릴 수 있어야 한다. 그것이 홈스쿨링을 하는 아이와 부모의 특권이기 때문이다.

4
/
방법론

아이는 다른 아이보다 더 많이
주어진 시간에 행복해하며
더 높이 날아오를 것이다.

홈스쿨링을
언제 시작할까?

홈스쿨링에 대한 결정은 빠르면 빠를수록 좋다. 학창시절 학교 생활에 회의를 느껴본 부모라면 아이가 생겼을 때 아이 교육에 대해 고민할 것이다. 그리고 수년 내에 빠른 결정을 내리는 것이 좋다. 그래야 조금씩 미리 준비할 수 있다. 만약 안일한 생각으로 '때가 되면 알아서 되겠지' 하며 아무 준비도 하지 않는다면, 시작도 못 해보고 포기할지도 모른다. 준비해보고 부딪쳐보면 너무 쉬운 것이 홈스쿨링이지만, 준비조차 시도 하지 않는다면 너무 어려운 것이 홈스쿨링이기 때문이다.

홈스쿨링을 본격적으로 시작하는 시기는 3학년이다. 하지만 미리 결정 하고 준비하지 않는다면 결코 시작도 할 수 없다. '아이를 학교에 보내보 니까 문제가 생겼네' 하며 발등에 떨어진 불처럼 홈스쿨링을 시작하는 것 과 미리 결정하고 준비하는 것과는 분명 차이가 있다. 당연히 미리 준비 한 아이와 부모가 홈스쿨링을 더 올바로 이해하고 더 잘 적응할 수 있다.

왜 3학년인가?

먼저 부모 세대가 지내온 시절을 돌아보자. 부모 세대는 초등학교 시절 늘 친구들과 밖에서 놀았던 기억이 대부분이다. 그럼 언제부터 공부를 했을까? 차분히 앉아 공부하기 시작한 것은 아마도 중학교 시절일 것이다. 그런데 지금은 어떤가? 지역에 따라 편차가 있지만, 초등학교 3학년이 되면 아이가 다니는 학원의 수가 많아진다. 슬슬 입시 준비를 시작해야 한다. 이를 부모 세대의 눈으로 보면 한창 놀아야 할 시기에 공부하는 것처럼 보인다. 하지만 초등, 중등, 고등 과정을 12년으로 본다면, 3학년은 공부를 시작해야 하는 시기가 맞다. 12년이 생각만큼 긴 시간이 아니기 때문이다. 아이가 막상 중학생이 되면 고등학교 졸업까지 눈 깜짝할 사이에 지나간다. 6년 만에 중·고등학교 시절이 다 끝난다. 그렇기 때문에 부모 세대처럼 중학교 때부터 공부를 시작하면 늦다.

공부는 때가 있다. 초등학교부터 고등학교까지 주야장천 공부만 해야 한다는 의미는 아니다. 아이를 보면 공부에 대한 의욕이 타오르는 시기가 있고, 슬럼프에 빠진 듯 의욕이 꺼지는 시기도 있다. 의욕이 타오르는 시기에 아이가 공부하려고 하는데 부모가 준비를 시키지 않는다면 아이는 한 단계 오를 기회를 놓치게 된다. 반대로 의지가 생겼는데 지치도록 시키면 아이는 지쳐버린다. 아이의 의욕은 한순간에 사라지고 아이의 입에서 '바보 되기 싫어서' '좋은 대학 가야 해서' '엄마가 시켜서' 공부한다는 말이 튀어나오게 된다. 학교를 마치고 밤 10시까지 학원을 다니면 아이가 버틸 수 있을까? 잘 견디고 있는 듯 보이겠지만 결코 아니다.

부모가 눈이 멀어 아이가 서서히 병드는 것을 보지 못할 뿐이다.

아이를 키워보면, 1학년은 아직 아무것도 모르는 애기처럼 보인다. 1학년이면 혼자서 학교에 다녀야 하는데, 부모가 하나부터 열까지 다 도와주어야 한다. 유치원생과 별반 차이가 없다. 하지만 그렇게 1년을 보내고 2학년이 되면 아이가 제법 자신의 주장을 펴고 고집을 부린다. 혼자서 무엇인가를 해보려 한다. 그러다 3학년이 되면 자연스레 목표도 생기고, 해내고자 하는 의지도 제법 강해진다. 이 말인즉슨 아이가 뛸 준비가 되었다는 것을 의미한다. 즉, 아이가 공부할 준비가 되었다는 뜻이다. 그러므로 3학년이 되면 공부를 시작해야 한다.

3학년에 공부를 시작해야 하는 이유는 또 있다. 바로 아이의 변화이다. 많은 아이들을 지켜본 결과 아이가 갑자기 낯설어지는 시기가 있다. 간단히 설명하면 사춘기가 오기 전 '작은 사춘기' 같은 것이다. 20년 전만 해도 중학교 1학년이 되어야 낯설어지는 시기가 왔다. 하지만 지금은 그 시기가 초등학교 4학년까지 내려왔다. 그 결과 이제는 초등학교 4학년을 첫 번째 질풍노도의 시기라고 부른다.

이 시기에는 아이의 또래의식이 늘고 호기심이 줄기 때문에 학습욕구가 낮아진다. 반면 학교 공부는 어려워진다. 수학을 예로 들면 '큰 수'에서 이제 만, 억, 조를 배운다. '곱셈과 나눗셈'도 3자리 수를 한다. 그리고 '규칙 찾기'에서 수열의 기초가 시작된다. 그렇게 아이는 공부가 어려워졌다고 느끼는데, 부모는 이제 고학년이 되었다며 아이에게 학습을 강요한다. 아이와 부모의 갈등이 심화된다. 우리나라에만 있는 '초4병'이 시작된 것이다. 이런 위기의 순간에 홈스쿨링을 시작한다면 아이와의 관계가 더욱 나빠질 수 있다. 그러므로 4학년부터 시작하는 것은 문제가 있다.

게다가 커리큘럼을 짜보면 3학년부터 해야 아이가 '대치동 키즈'라 불리는 강남 아이들에 비해 뒤처지지 않고 선행 목표를 이룰 수 있다. 이렇게 말하면, 홈스쿨링을 하면서 강남 아이들을 기준으로 삼는 것이 이상하다는 부모가 있다. 하지만 결코 이상하지 않다. 홈스쿨링은 아이에게 더 나은 교육 여건을 제공하기 위한 것이지 결코 공부를 소홀히 하는 것이 아니다. 오히려 낭비되는 시간이 없기 때문에 의지만 있다면 더 많은 시간을 학습에 투입할 수 있고 그를 통해 더 나은 결과를 얻을 수 있다. 우리는 사교육이 아닌 그저 홈스쿨링만의 특성을 통해 그만큼의 성과를 얻는 것이다. 또한 아이가 자율적으로 오후 시간을 관리하기 때문에 아이는 그 안에서 적절하게 스트레스를 해소할 수 있다. 이를 통해 하루하루 뛸 수 있는 힘을 보충한다. 이처럼 홈스쿨링은 아이가 스스로 뛸 수 있는 여건을 만드는 것이다. 그러므로 대치동 키즈와는 엄연한 차이를 가진다.

3학년은 공부하기 좋은 시기이다. 아이의 언어 표현력이 완성되고 말을 잘 알아듣기 시작하는 시기이기 때문에 무엇이든지 시작할 수 있다. 즉, 아이가 공부할 준비를 마친 것이다. 그러므로 홈스쿨링은 3학년 때 시작해야 한다. 부모는 이 시기에 아이가 잘 시작할 수 있도록 미리 준비해야 한다.

홈스쿨링을 하려면
먼저 학교에 가라

홈스쿨링을 하면 학교를 전혀 안 다닌다고 생각하는 사람들이 많다. 또한 홈스쿨링을 경험한 사람들 중에는 분명 단 한 번도 학교에 다닌 적 없는 사람도 있을 것이다. 하지만 아니다. 홈스쿨링을 하기 위해서는 반드시 학교를 경험해야 한다.

여러 가지 이유가 있지만, 학교란 공간이 아이에게 소중한 경험이 되기 때문이다. 그러한 경험은 아이가 자라는 데 커다란 밑거름이 된다. 유치원 생활을 했을지라도 학교는 다르다. 아이뿐만 아니라 부모의 마음가짐도 다르다. 유치원은 부모가 많은 것을 책임져주지만, 학교는 혼자서 모든 일을 해야 한다. 그래서 아이는 학교 생활을 통해 자연스럽게 독립심을 갖게 된다. 부모와 함께하지 않는 것만으로 독립심이 생긴다. 또한 규칙적인 생활을 하게 되어 아이에게 적절한 자극을 줄 수 있다. 이런 점은 학교가 가지는 중요한 장점이다.

또한 아이의 성향상 학교를 원할 수도 있기 때문에 학교를 경험해야 한다. 그런 아이의 바람을 무시한 채 부모의 의지로 학교를 보내지 않게 되면 아이는 학교를 동경하게 될지도 모른다. 그렇게 되면 학교에 대한 판단이 흐려져서 학교를 온전히 판단할 수 없게 되고, 그저 학교를 '다니고 싶은 곳'으로만 인식할 수 있다.

이런 이유로 홈스쿨링을 시작하기 전 학교를 다니는 것이 반드시 필요하다. 그리고 부모는 '학교가 무조건 나쁘다'는 인식을 아이에게 가지게 해서는 안 된다. 세상 모든 일에는 장점과 단점이 있다. 그 단점이 크기 때문에 홈스쿨링을 하지만 학교도 시기에 따라 장점이 더 큰 시기도 있음을 아이에게 명확히 알려주어야 한다.

유치원도 2년은 보내라

아이를 위해 유치원 과정도 반드시 필요하다. 아이에게 초등학교 1, 2학년 과정은 매우 중요하기 때문에 이를 준비하기 위한 유치원 과정 역시 필요하다. 유치원은 교육하는 시간이 짧고, 교사가 부모의 역할을 대신해주기 때문에 초등학교에 비해 아이가 받는 스트레스가 적다. 그러므로 유치원은 아이가 학교 생활을 하기 전 적응을 위해 매우 중요하다. 그러므로 반드시 유치원을 보내야 한다.

그렇다고 해서 유치원을 오래 다닐 필요는 없다. 유치원 과정은 2년이면 충분하다. 하지만 요즘은 맞벌이 부부가 많아 돌도 되기 전에 어린

이집에 보내는 경우가 많다. 부모의 사랑을 듬뿍 받아야 할 나이에 어린이집이나 유치원에 오랫동안 있는 것은 좋지 않다. 그러므로 여건이 된다면 유치원 과정은 2년 정도만 하기를 바란다.

학교를 가지 않아도
문제가 없나요?

홈스쿨링을 처음 시작하는 부모들이 가장 많이 하는 질문이다. 이 궁금증을 해결하기 위해 교육부, 시·도 교육청, 교육지원청 등에 수없이 전화를 했던 기억이 난다. 하지만 전화를 해도 대부분의 담당자들은 홈스쿨링에 대해 정확히 모르는 경우가 많았다. 아무래도 홈스쿨링을 하는 아이들이 아직 적기 때문이다. 며칠에 걸쳐 몇 번의 통화 연결 후에 정확한 답변을 들을 수 있었다.

첫째, 중학교까지 의무교육이기는 하지만 아이나 부모의 의지로 학교에 출석하지 않을 경우 강제할 방법은 없다.

둘째, 의무교육을 받지 않을 경우 교육부는 1회 100만 원 이하의 과태료를 부과할 수 있다.

셋째, 하지만 과태료를 부과한 사례는 없다.

넷째, 아이는 관할 학교의 '정원 외 학생'으로 관리된다.

첫째 아이가 3학년이 되는 해 1월 1일부터 홈스쿨링을 시작했다. 당연히 새 학기가 시작하고도 아이는 학교에 가지 않았다. 그렇게 2주 정도가 지난 후에 처음으로 아이가 배정된 반의 담임교사에게서 전화가 왔다. 이미 2학년 담임교사에게 사정을 들은 3학년 담임교사는 현재 아무런 문제가 없으며, 한 번 정도는 우리 집을 방문해 아이가 잘 지내는지 확인할 수 있다는 말만 전하고 전화를 끊었다. 하지만 담임교사가 실제로 집을 방문하지는 않았다.

그리고 2달 정도 지나자 동주민센터에서 연락이 왔다. 아이가 학교에 오지 않아 학교에서 동주민센터로 통보했다는 내용이었다. 마찬가지로 홈스쿨링을 하고 있다고 말하고, 학교 담임교사와도 통화했음을 있는 그대로 말했다. 동주민센터 담당자도 1번 정도 집에 가서 아이가 잘 지내는지 확인할 수 있다는 말만 전하고 통화를 마쳤다. 하지만 동주민센터 담당자도 실제로 집을 방문하지는 않았다.

학교에 가지 않은 지 3개월 정도 지나자 다시 한번 3학년 담임교사에게서 전화가 왔다. 64일 이상 무단결석을 했기 때문에 '정원 외 관리'로 처리하기 위해 서류 작성을 해야 한다는 내용이었다. 그래서 학교에 찾아가 관련 서류를 작성했다. 그렇게 아이는 '정원 외 관리' 신분이 되었다. 그 이후 아이가 축구대회를 참가하게 되어 신분 확인이 필요했다. 학교에 문의해 '정원 외 관리' 증명서를 발급받았고, 문제없이 축구대회에 참가할 수 있었다. 그 이후로는 학교나 동주민센터에서 연락이 오지 않았다. 내심 1번쯤은 누군가에게 얼마나 잘하고 있는지를 보여주고 싶었는데 오지 않아 오히려 섭섭한 마음이 들었다.

전화를 받으며, 요즘 많은 사건 사고들로 인해 담임교사도, 동주민센터 담당자도 확인 차 전화를 한 것뿐이지 특별히 문제가 되지 않는다는 느낌을 받았다. 또한 어느 정도 관리를 받고 있는 것이 더 좋다는 생각이 들었다. 이를 통해 우리나라에서도 의지만 있다면 어떤 불이익도 없이 홈스쿨링을 할 수 있다는 사실을 알게 되었다.

페이스메이커가 아니라
코치처럼 뛰어라

부모라면 누구나 아이가 원하는 대학에 가길 바랄 것이다. 대학이 42.195킬로미터의 마라톤이라면 부모는 아이에게 무엇을 해야 할까? 아이가 결승선까지 잘 달릴 수 있도록 도와주어야 한다. 먼저 영양가 풍부한 식사를 통해 건강하게 자랄 수 있도록 해야 한다. 또한 체력이 향상되도록 훈련을 시켜야 한다. 더불어 바른 자세로 뛸 수 있는 방법을 알려주고 각 구간과 결승선도 알려주어야 한다. 그렇게 마라토너가 되기 위한 준비를 시켜야 한다. 그리고 준비를 마치면 아이를 마라톤에 내보내면 된다. 그리고 뒤에서 묵묵히 지켜보면 된다.

하지만 지금은 어떤가? 부모가 준비도 안 된 아이를 먼저 대회에 출전시킨다. 아직 나이도 되지 않았고, 체력도 준비되지 않았다. 뛰는 방법도 모른다. 그런데 왜? 남들이 그렇게 하니까 나도 한다. 왠지 지금 따라가지 않으면 뒤처질 것만 같다. 먼저 뛰어가는 다른 집 아이를 보면 나중에 결코 그 차이를 줄일 수 없을 것 같은 공포감에 휩싸인다. 그래서 훈련도 되지 않은 아이를 대회에 밀어넣는다. 하지만 혼자 보낼 수 없어 부모도 옆에서 같이 뛴다. 힘들지만 사랑하기에 가능하다. 그리고 옆에서 음식을 주고, 이렇게 뛰라고 자세도 알려준다. 제법 뛰는 아이를 보며 뿌듯한 마음도 들고, 힘들지만 잘한 일이라고 생각한다. 이대로만 가면 결승선에 상위권으로 들어갈 수 있을 거란 생각이 든다. 하지만 아이는 부모를 보며 뛰느라 정작 자신이 어디로 가는지도 모른 채 뛰기만 한다.

그렇게 한참을 뛰었다. 이제 아이도 지치고 부모도 힘들다. 그렇게 힘들어하고 있는데 내 아이보다 못할 것만 같던 아이가 부모도 없이 혼자서 성큼성큼 뛰어가며 내 아이를 앞지른다. 그때 부모는 불쑥 화가 난다. 그리고 아이에게 쏘아붙인다. "넌 뭐가 모자라서 엄마, 아빠가 이렇게 너 위해서 뛰는데, 도대체 왜 이렇게밖에 못 뛰는 거야! 쟤는 엄마, 아빠도 없이 저렇게 잘 가는데 넌 대체 뭘 한 거니!"

아이는 혼자 가는 아이를 보며 열등감에 사로잡히고 결국엔 멈춰버린다. 그리고 주저앉는다. 그러자 부모는 그제야 아이를 다독인다. 하지만 아이는 더 이상 뛰지 않는다. 부모는 계속해서 다독이며 아이의 손을 끌어보지만 아이는 걷는 것도 버겁다. 결국 마라톤을 포기한다. 부모는 다음 대회를 기약하지만 아이는 더 이상 아무것도 할 수 없다.

우리는 소위 인생을 마라톤에 비유한다. 우리 인생엔 수없이 많은 마라톤이 있다. 그리고 그 마라톤들을 하나하나 완주해간다. 그런데 마라톤을 뛰기 위해서는 준비가 필요하다. 첫 번째 대회인 대학입시 마라톤은 아이와 부모가 느끼기에 가장 길고, 어렵고, 중요한 마라톤이다. 그렇기 때문에 모두가 메달을 원한다. 하지만 아이에게는 정작 메달이 중요하지 않다. 마라톤을 처음부터 끝까지 멈추지 않고 뛴 완주의 경험이 중요하다. 그 경험을 통해 대학 마라톤 이후에 있을 수많은 마라톤들을 뛸 수 있다.

그 사실을 부모도 경험을 통해 안다. 하지만 세상살이의 고단함 때문인지 완주보다는 메달을 원한다. 이것은 아이의 인생에 매우 위험한 행동이다. 그러므로 부모는 각성해야 한다. 인생에서 가장 중요한 첫 번째 마라톤에서 메달만 바라는 것은 아이의 몸과 마음을 모두 망가뜨리는 위험한 행동임을 인식해야 한다. 분명 메달보다 소중한 것은 완주이다. 그러므로 이제는 부모가 먼저 생각을 바꾸고 새로운 방식으로 아이를 준비시켜야 한다.

그동안 부모는 아이의 페이스메이커가 되었다. 하지만 페이스메이커는 스포츠 마라톤에서 필요하지 인생 마라톤에서는 결코 필요하지 않다. 인생엔 페이스메이커가 없다. 인생을 살며 페이스메이커를 달고 뛰는 사람을 본 적이 있는가? 인생은 그렇게 뛰는 것이 아니다. 자기 인생의 주인인 아이가 자신의 페이스에 맞춰 스스로 뛰어야 한다.

하지만 코치는 필요하다. 경험자로서 조언을 해주는 사람은 반드시 필요하다. 코치를 통해 인생에 어떤 모양의 길이 있는지, 어떻게 하는 것이 지혜로운지를 배우면 쓸데없는 고생을 피할 수 있다. 부모는 코치로서 가장 적합하다. 왜냐하면 아이를 제일 사랑하기 때문이다. 돈도 명예도 아닌 오직 사랑으로 연결된 부모가 가장 온전한 코칭을 할 수 있다. 그러므로 부모는 더 이상 페이스메이커가 아니라, 그저 코치로서 때로는 멀리서, 때로는 가까이에서 아이를 바라보며 아이가 잘 뛸 수 있도록 도움을 주어야 한다.

잘 먹이고 잘 자게 하라

잘 먹이고 잘 자서 큰 키에 팔등신 멋진 몸매를 만들어야 한다는 뜻은 아니다. 아이가 건강하게 잘 자랄 수 있도록 해야 한다는 뜻이다. 『탈무드』에 보면 "돈을 잃으면 적게 잃는 것이요, 명예를 잃으면 많이 잃는 것이요, 건강을 잃으면 모든 것을 잃는 것이다"라는 말이 있다. 동일한 뜻을 가진 실건실제失健失諸라는 사자성어도 있다. 건강만큼 중요한 건 없다. 그러므로 부모는 아이가 건강하게 잘 자랄 수 있도록 노력해야 한다.

모두가 당연하다고 생각하지만 실제로 그렇게 행동하지 않는다. 아이의 학원 스케줄을 핑계로, 혹은 부모가 바쁘다는 이유로, 아이에게 편의점 음식이나 패스트푸드를 먹인다. 즉, 공부와 건강이, 돈과 건강이 붙으면 일단 공부와 돈이 우선된다. 잠도 마찬가지이다. 잠을 줄이면서까지 공부할 필요는 없다. 정신이 맑은 오전에 공부하면 될 것을 밤에 졸면서 하는 공부가 무슨 의미가 있겠는가? 오히려 수면 부족은 뇌의 저장능력에 악영향을 미친다.

그러므로 아이를 잘 먹고 잘 자게 하는 것이 마라톤 완주를 위한 밑거름이라는 사실을 인지해야 한다. 그에 따라 과욕은 버리고, 시간을 잘 사용해야 한다. 그렇지 않으면, 핑계처럼 들릴 수도 있지만, 나중에는 진짜로 몸이 약해서 공부를 못 할 수도 있다. 많은 사람들이 의지로 공부한다고 하지만 사람의 의지가 생각보다 강하지 않다는 사실을 우리는 잘 안다. 그러므로 이제는 '의지'를 의지할 때가 아니라, '건강'을 의지해야 한다. 즉, 당연한 건강을 가진 아이가 당연한 공부를 할 수 있다.

지금이 아니면
얻지 못하는 능력들

감성지수EQ, 창의력, 상상력. 수많은 대중매체에서 늘 중요하다고 말하는 것들이다. 축구 선수에게 이 세 가지가 없다면 평범한 선수가 되고, 있다면 레전드가 된다. 그러므로 이러한 능력을 얻기 위해 노력해야 한다. 그런데 이 중 어느 한 가지도 가만히 책상에 앉아서 공부만 한다고 얻어지는 것은 없다. 모든 것이 친구와 부모와 함께 마음껏 노는 경험을 통해 얻어진다. 그러므로 홈스쿨링을 시작하는 3학년 전까지는 최대한 많은 시간을 노는 데 써야 한다.

하지만 많은 부모들이 그 시기에 영어를 가르치고 수학을 가르친다. 그렇게 되면 정작 아이에게 소중한 것은 발달되지 않는다. 물론 다른 아이보다 문제를 더 잘 푼다는 사실이 일시적으로 기분을 좋게 할지는 모른다. 하지만 그뿐이다. 정작 좋은 것은 온전히 갖추지 못한 아이가 된다. 재미있는 건 시간이 지나 더 많은 시간과 비용을 투자해 3가지를 키우기 위해 노력한다는 것이다. 하지만 효과는 크지 않다. 얼마나 어리석은 일인가?

　문제 풀이는 마음만 먹으면 언제든 할 수 있다. 하지만 이 3가지, 감성지수, 창의력, 상상력은 마음을 먹는다고 생기는 게 아니다. 부모와 함께 산에 올라가서 산 아래를 내려다보며 느낀 말할 수 없는 감정, 분주하게 짐을 챙겨 어딘가로 떠나는 설렘, 친구들과 몸을 부딪치며 느끼는 자신감 같은 경험이 바로 3가지를 향상시킨다. 아이에게 담력을 키워주기 위해 어두운 곳으로 가면 아이는 두려움에 온갖 신경이 예민해진다. 어둠 속에서 무언가를 보고 상상을 한다. 두려움을 느낀다. 왠지 동화책에서 본 무언가가 튀어나올 거 같다. 아빠의 팔을 더 꽉 잡다 못해 거의 안겨 있다. 집에 도착하면 아이가 말한다. "진짜 재미있었어." 아이는 어둠 속에서 수없이 많은 느낌의 향연에 휘청했을 것이다. 심장이 쿵쾅거리는 느낌, 처음에는 캄캄해서 아무것도 보이지 않다가 점점 보이기 시작하는 느낌, 어두운 곳에서 무언가 실제 형상처럼 보이는 느낌, 무서워 눈을 감은 상태에서 무언가에 닿는 느낌 등 수없이 많은 느낌을 경험한다. 그리고 바로 그 느낌이 3가지를 만든다. 그런데 부모는 그걸 모른 채, 더 많은 돈을 벌기 위해 아이와의 시간을 내다버린다. 아이의 더 나은 미래를 위해 주야장천 학원에 보낸다. 뭔가 이상하지 않은가?

퍼즐·보드게임만 한 교구는 없다

아이와 함께 외출할 때면 아이에게 스마트폰을 준다. 이유는 외출한 목적을 달성하기 위해서이다. 마트에 갈 때 스마트폰을 주지 않으면 마트를 돌아다니며 이거 사자, 저거 사자, 정신없게 한다. 또는 오랜만에 만난 친구들과 식사를 마치고 카페에 앉아 수다를 떨어야 할 때 스마트폰이 없으면 아이는 30초마다 심심하다는 말을 내뱉는다. 그럼 어쩔 수 없이 스마트폰을 준다. 스마트폰만큼 아이와 하기 편한 타협은 없다. 아이도, 부모도 목적을 이루기 때문이다. 하지만 아이에게 결코 좋지 않다는 것을 우리는 모두 안다.

이제부터는 스마스폰이 아닌 퍼즐을 주면 어떨까? 퍼즐은 아이의 두뇌를 자극시키는 가장 좋은 방법이다. 퍼즐을 꾸준히 하면 두뇌를 자극해 수학적 사고력뿐만 아니라 문제해결능력, 공간지각능력 등 많은 부분에서 무궁한 발달을 보인다.

하지만 그렇게 좋은 퍼즐을 아이가 하지 않으려고 하면 어떻게 해야 할까? 아이에게 퍼즐의 즐거움을 알려주어야 한다. 즐거움을 알기 위해서는 부모와 함께 퍼즐을 해봐야 한다. 해보면 아이는 무조건 즐거워할 것이다. 왜? 퍼즐도 일종의 게임이기 때문이다. 그렇게 아이와 부모가 퍼즐을 하면서 자주 즐거운 시간을 가진다면 부모와의 유대감도 높아진다. 그리고 아이가 혼자 시간을 보내야 할 때 좋아하는 퍼즐을 쥐어준다면 아이는 오랜 시간 혼자 있을 수 있다.

퍼즐이 중요한 이유는 한 가지가 더 있다. 바로 끈기이다. 아이는 어려운 퍼즐을 풀기 위해 끙끙거리면서도 절대 부모를 찾지 않는다. 끈기가 중요한 이유는, 수학을 공부할 때 단순한 문제 풀이가 아닌 진정한 수학을 경험하는 데 있어 중요한 역할을 하기 때문이다. 끈기가 생기면 아이는 수학의 기본문제를 해설 없이도 풀 수 있게 된다. 끈기를 가지고 어떻게든 풀어보려고 노력할 것이다. 왜냐하면 아이는 퍼즐을 통해 답이 없을 것만 같은 문제를 풀어본 경험이 있기 때문이다. 부모는 한마디만 하면 된다. "이 문제를 한번 퍼즐 풀듯이 풀어볼래?" 아이는 퍼즐을 통해 수학 문제를 대하는 방법을 배운다.

코어,
핵심 중의 핵심

이 책은 단순한 경험서가 아니라, 어떻게 하면 제대로 된 홈스쿨링을 할 수 있는지 알려주는 지침서이다. 이 책대로 하면 홈스쿨링을 통해 아이는 더 많은 시간을 가질 수 있다. 즉, 낭비되는 시간을 아이의 시간으로 만든다. 그 결과 아이는 다른 아이보다 더 많이 주어진 시간에 행복해하며 더 높이 날아오를 것이다.

1년 3학기제 : 푹 쉬면서도 '대치동 키즈'만큼 빠른 학업 스케줄

홈스쿨링의 장점은 아이의 학습 스케줄을 아이와 부모가 함께 짤 수 있다는 점이다. 목표와 상황에 맞춰 짜면 된다. 선행학습을 해도 상관없다. 사실 선행학습이라는 것은 없다. 아이가 할 수 있으면 해도 된다. 그걸 가지고 학교의 커리큘럼을 기준으로 하여 그보다 빠르면 '선행'이라 하고, '선행을 하는 것은 좋지 않다'고 하는 것은 문제가 있다. 초등학교 6학년이 미분, 적분을 한다고 해서 뇌에 치명적인 문제가 생기진 않는다. 할 수 있으면 하는 것이다.

하지만 2가지 문제는 있을 수 있다. 첫째, 아이의 뇌가 자라는 시기에 과도한 학습은 좋지 않다. 특히 무리한 암기는 아이에게 스트레스를 주기 때문에 문제가 된다. 어린 시절 학습은 암기가 아니다. 그저 알아가는 것이다. 암기는 시험기간에만 반짝 하면 된다. 어차피 다 까먹을 걸 외우느라 시간을 낭비하고 스트레스를 받을 필요가 없다. 그저 이해하는 것만으로 충분하다. 또한 영어 같은 외국어 학습은 모국어 능력이 완성되는 초등학교 2학년까지는 하지 않는 것이 좋다. 시간이 지나면 다 따라잡힐 영어 실력을 위해 정작 우리말을 온전히 배울 기회를 잃는다. 그러므로 때에 맞춰 할 일이 있음을 알고 과한 욕심을 가지지 않아야 한다.

둘째, 아이의 수준이 아니라 학원이나 부모의 의지로 하는 선행은 문제가 된다. 지금까지의 과정을 잘 마친 아이라면 다음 과정으로 넘어가는 것이 자연스럽다. 하지만 많은 아이들은 현재 과정도 온전히 마치지 않은 상태에서 선행을 한다. 그런 선행은 모래 위에 지은 집과 같다.

만약 앞에서 지적한 2가지 문제가 없다면 선행을 해도 괜찮다. 전혀 문제가 없다. 내가 제안하는 '1년 3학기제'도 선행학습이다. 이는 오랜 고민 끝에 나온 결과물로 홈스쿨링 커리큘럼의 핵심이다. 현재 학교는 1년 2학기제로 운영된다. 대략 4~5달을 공부하고 여름방학, 겨울방학을 하는 방식이다. 방학이라는 시간이 아이에게 여유를 주는 장점이 있지만 학습의 흐름을 끊는 단점도 있다. 물론 요즘 아이들은 방학에도 학원을 다니느라 학습은 계속된다. 아무튼 한 학기에 4~5달 공부를 하지만 시험이다 뭐다 하면 한 학기의 커리큘럼은 3달 반에서 4달 사이이다. 즉, 산술적으로 1년에 3학기를 공부할 수 있다. 만약 1년 3학기제를 하면 학습의 흐름을 끊을 필요가 없고, 시스템적으로 따지면 1년에 33퍼센트의 시간을 절약할 수 있다. 단, 한 가지 의문이 생길 것이다. "우리 아이들 방학은요?" 하지만 전혀 고민할 필요가 없다. 홈스쿨링의 장점은 시간이 자유롭다는 것이다. 학기 중에도 시간을 내서 얼마든지 놀 수 있다. 즉, 방학이 필요 없다.

1년 3학기제는 낭비하는 시간이 없기 때문에 가능하다. 오전 시간만 공부해도, 밤 10시까지 학원에 있지 않아도 중학교 3학년 나이에 고등학교 과정까지 끝난다. 소위 '대치동 키즈'라 불리는 아이들의 학업 스케줄과 같은 속도이다. 매달 수백만 원을 사교육비로 지출하며 하는 일을 홈스쿨링이라는 시스템만으로 할 수 있다. 간혹 1년 3학기제를 한다고 하면 "아이를 너무 힘들게 하는 건 아닌가요?"라고 묻는 부모들이 있다. 절대 아니다. 학교에 다니면 하루 종일 공부한다. 학교를 마치고 학원까지 가면 하루 14시간 정도를 밖에서 보낸다. 하지만 홈스쿨링은 초등 과정의 경우 오후 12시 20분, 중등 과정의 경우 오후 1시 30분, 고등 과정의 경우 오후 2시 10분이면 모든 학습 일과가 끝난다. 남는 시간은 온전히 아이의 자유시간이다. 그런데 뭐가 힘들단 말인가?

매달 방학이고, 매달 학습이다

학교의 1년 2학기제는 학교 운영을 위한 것이지 결코 아이를 위한 것이 아니다. 공부는 늘 하는 것이고, 그사이 지칠 때면 언제든지 마음껏 쉴 수 있어야 한다.

나는 개인적인 일로 1년에 1~2번은 한 달간 제주에 머문다. 그 시간 동안 아이는 방학이다. 아이는 최소한의 시간만 학습을 하고 남은 시간은 마음껏 즐기면 된다. 방학으로 인해 학습 스케줄이 밀리면 방학이 끝나고 따라가면 된다. 홈스쿨링은 하루 학습량 자체가 많지 않다. 그러므로 학습 스케줄을 조금만 조절하면 얼마든지 따라잡을 수 있다. 그리고 따라잡지 못하면 그만큼 학습 스케줄을 미루면 된다.

첫째 아이는 축구 선수를 꿈꾼다. 그래서 여름에만 남해, 춘천, 경주로 이어지는 3개의 대회에 출전했다. 그로 인해 합숙까지 하면서 학습 스케줄이 한 달가량 밀렸다. 하지만 문제가 되지 않는다. 다시 스케줄을 조절하면 된다. 스케줄이 밀렸다고 해서 조바심 낼 필요도 없다.

홈스쿨링은 자유롭다. 얼마든지 조절할 수 있다. 아이나 부모가 요청하고 서로가 이해하면 언제라도 떠날 수 있다. 홈스쿨링은 매달 방학이고, 매달 학습이기 때문이다.

20분 학습법 : 20분을 한 시간처럼

홈스쿨링은 지치지 않는 것이 무엇보다 중요하다. 홈스쿨링을 처음 시작하면 부모는 의욕이 넘쳐 이것도 하고 저것도 한다. 다양한 것을 시도하는 것은 좋다. 하지만 그렇게 되면 아이는 금방 지쳐버린다. 아이가 수업 중에 지루한 표정을 짓는다. 왜일까? 원인은 시간이다. 부모 입장에서는 한번 무언가를 하면 최소 50분 정도는 해야 한다고 생각한다. 하지만 실제 아이의 집중시간은 그에 미치지 못한다. '집중시간'은 교육 심리학 용어로 아이에게 주어진 시간에서 아이가 실제로 집중한 시간을 의미한다.

홈스쿨링의 수업시간은 초등 과정 20분, 중등·고등 과정은 30분이다. 누군가는 시간이 너무 적은 게 아닌가 하고 생각할 수 있다. 하지만 결코 그렇지 않다. 그 시간만으로도 학교의 한 교시 수업보다 더 진도를 많이 나갈 수 있다. 홈스쿨링은 스스로 하는 공부이기 때문에 수업이 끊기는 경우가 적다. 하지만 학교는 수도 없이 수업이 끊기고 주의력이 흐트러진다. 홈스쿨링은 비록 수업시간은 짧지만 끊기는 시간이 적기 때문에 집중력이 높은 상태로 알차게 공부할 수 있다. 게다가 수업시간이 짧으면 지루해하거나 시간을 때울 필요가 없다. 수업이 집중력 높은 상태로 진행된다.

20분 학습법에서는 휴식시간 또한 중요하다. 휴식을 잘해야 또다시 학습을 시작할 수 있다. 휴식시간은 10분이 가장 적당하다. 너무 짧으면 힘을 보충할 수 없고, 너무 길면 오히려 힘이 빠진다. 왜냐하면 아이는 휴식시간에도 가만히 있지 않는다. 그렇기 때문에 에너지가 계속 소모된다. 즉, 시간이 지날수록 집중력은 흐트러질 수밖에 없다. 그러므로 휴식시간 동안 아이가 잘 쉴 수 있도록 지도해야 한다.

홈스쿨링에 대한 오해

홈스쿨링을 본격적으로 시작하는 3학년부터는 매일 국어, 영어, 수학을 학습해야 한다. 이렇게 말하면 "홈스쿨링도 국·영·수를 매일 하나요?"라고 묻는 부모가 있다. "그럼요. 3학년부터는 치고 나가야 합니다"라고 말하면 홈스쿨링에 대한 기대가 무너진다고 한다. 앞에서도 말했지만 나는 '대학파'이다. 아이가 홈스쿨링을 통해 좋은 공부 습관을 갖고, 여유롭게 생각할 시간을 통해 적성을 찾고, 그 적성에 맞는 대학에 가서 더 깊게 공부하기를 원한다. 그러므로 홈스쿨링을 하더라도 공부는 부족함이 없어야 한다.

하지만 분명히 차이가 있다. 홈스쿨링은 공부를 많이 하더라도 아이가 괴롭지 않다. 아이의 능력도 중요하지 않다. 그저 홈스쿨링을 하면 공부를 잘할 수 있다. 더 많이 할 수 있다. 홈스쿨링은 개인의 능력이나 부모의 정보력이나 할아버지의 재력으로 하는 것이 아니다. 시스템을 바꾸는 것이다. 그 시스템 속에서 아이는 학업에 대한 스트레스 없이 공부할 수 있다. 홈스쿨링이라는 시스템 속에서 머물렀을 뿐인데 아이는 누구보다 더 자유롭고, 같은 시간을 공부하더라도 더 많은 것을 얻을 수 있다. 이것이 홈스쿨링의 목적이다. 그저 머물러도 더 나아지는 것이다. 오직 시스템의 힘으로 말이다.

검정고시 : 학습 부담을 절반으로 줄이다

검정고시는 홈스쿨링의 핵심이다. 검정고시라는 제도가 있기 때문에 홈스쿨링을 할 수 있다. 만약 국가에서 검정하는 제도가 없다면 홈스쿨링은 불가능하다. 왜냐하면 홈스쿨링을 하는 아이와 부모는 학교 공부의 문제점을 극복하려는 것이지 대학을 포기하려는 것이 아니기 때문이다. 홈스쿨링을 통해 고등학교 과정을 마치고 고등학교 졸업 검정고시에 합격하면 대학수학능력시험과 대학 자체 시험에 응시할 수 있는 자격을 얻게 된다.

개인적으로 이해되지는 않지만 어떤 이는 검정고시가 싫어서 학교에 다닌다고 한다. 한마디로 졸업장을 따기 위해 학교에 다니는 것이다. 이런 말을 하는 이유는 검정고시를 잘 몰라서 그렇다. 검정고시는 생각보다 쉬운 시험이다. 그 이유에 대해 알아보자.

첫째, 시험의 수준이 낮다. 아니 시험의 합격 수준이 낮다. 검정고시는 60점만 넘으면 된다. 그러므로 100점을 목표로 공부할 필요가 없다. 물론 대학수학능력시험을 준비하기 위해서는 당연히 100점 이상을 맞을 수준에 올라야 한다. 하지만 대학수학능력시험은 검정고시와는 시험 준비가 다른 시험이다. 그러므로 우선 검정고시를 준비하며 단단하게 기본 실력을 쌓는다. 그리고 검정고시에 합격한 후에 부족한 부분을 채워서 대학수학능력시험을 본다고 생각한다면 초기에 학습 부담을 줄일 수 있다.

둘째, 시험 과목이 적다. 검정고시를 위해 필요한 교과목만 공부하면 된다. 게다가 국어, 영어, 수학은 꾸준한 노력이 필요하지만 그 외의 암기과목은 가볍게 공부해도 된다. 즉, 검정고시를 준비할 때는 전략적으로 학습할 수 있기 때문에 학습 부담이 줄어든다. 더불어 독서가 습관이 된 아이라면 일부 과목의 경우 이미 시험을 치를 정도의 학습 수준을 갖추었는지도 모른다. 첫째 아이는 한국사를 워낙 좋아해 관련 책을 읽고 또 읽는다. 아이의 한국사에 대한 지식이 어느 정도인지 궁금해 고졸 검정고시 한국사 시험 문제지를 주었다. 아이는 얼마 지나지 않아 웃으며 시험 문제를 모두 풀었다.

이처럼 검정고시는 분명 쉬운 시험이다. 단지 학교를 다니지 않는 상태에서 새로운 시험을 봐야 한다는 부담감이 두려움으로 나타나는 것뿐이다. 그러므로 먼저 검정고시 기출문제를 직접 확인해보기 바란다. 그러면 생각보다 쉬운 시험이라는 사실을 알 수 있다. 그를 통해 시험 준비를 할 수 있고, 합격한 뒤에는 친구보다 먼저 고등학교를 졸업했다는 사실이 아이에게 더 큰 자신감을 줄 것이다.

초등학교 졸업 검정고시 (6과목)	필수 : 국어, 수학, 사회, 과학 (4과목) 선택 : 도덕, 체육, 음악, 미술, 실과, 영어 과목 중 2과목
중학교 졸업 검정고시 (6과목)	필수 : 국어, 수학, 영어, 사회, 과학 (5과목) 선택 : 도덕, 기술 · 가정, 체육, 음악, 미술 중 1과목
고등학교 졸업 검정고시 (7과목)	필수 : 국어, 수학, 영어, 사회, 과학, 한국사 (6과목) 선택 : 도덕, 기술 · 가정, 체육, 음악, 미술 과목 중 1과목

검정고시 과목은 필수과목과 선택과목이 있다. 만약 학업 분량을 줄이기 원한다면 전략적으로 학습할 필요가 있다. 즉, 초등 과정의 선택과목부터 중등·고등 과정의 선택과목과 맞추는 것이다. 그렇게 하면 국어, 영어, 수학, 사회, 과학, 한국사 등 필수과목 외에 단 1과목만 선택하면 된다. 즉, 도덕, 체육, 음악, 미술 중 단 1과목만 선택하면 된다. 그 외의 실과, 기술·가정은 공부할 필요가 없다. 예를 들어 선택과목으로 음악을 선택했다면 도덕, 체육, 미술, 실과, 기술·가정은 공부할 필요가 없다. 어차피 선택과목에 대한 내용은 독서를 통해서도 충분히 배울 수 있다. 그러므로 걱정하지 않아도 된다. 이렇듯 고등 과정까지 공부해야 할 많은 과목 중에서 7과목만 공부해도 되는 것은 홈스쿨링의 특권이다. 아이의 학습 부담이 절반으로 줄어든다.

진정한 핵심은 시간 분배이다

'1년 3학기제' '20분 학습법' '검정고시'가 우리가 하는 홈스쿨링의 핵심 중 핵심이다. 이런 핵심이 기존의 홈스쿨링과는 다른 차별성을 지닌다. 그럼 우리가 이러한 핵심을 통해 얻고자 하는 것은 무엇일까? 바로 시간 분배이다.

시간을 낭비하지 않더라도 아이가 공부해야 하는 양은 이미 정해져 있다. 일정 시간 이상 공부를 해야 원하는 대학에 갈 실력을 갖출 수 있다. 예를 들어 '1만 시간의 법칙'을 인용해 1만 시간을 집중해서 공부해야 원하는 대학에 갈 수 있다고 하자. 참고로 아이가 12년 동안 학교에 투입하는 시간은 대략 2만 시간 정도이다. 하루에 10시간을 꼬박 3년간 공부하면 1만 시간이 된다. 그렇다면 고등학교 1학년부터 공부해도 되는가? 만약 그렇게 할 자신이 있다면 그렇게 해도 좋다. 하지만 온전한 집중력을 가지고 10시간을 한다는 것은, 그것도 매일 한다는 것은 쉽지 않은 일이다.

그러므로 시간을 분배해야 한다. 홈스쿨링을 기준으로 하면 어떻게 될까? 1년 300일, 초등학교 3학년부터 고등학교 3학년까지 10년을 공부한다고 가정하면 하루 공부 분량은 고작 3시간 20분이다. 1만 시간은 예를 든 것뿐이다. 실제로 1만 시간보다 훨씬 더 많은 시간을 온전히 집중해서 대학에 가는 아이도 있다. 하지만 지금같이 시간이 낭비되는 학교 상황에서 1만 시간을 온전히 집중하고 대학에 가는 아이는 적다. 물론 중학교 3학년이나 고등학교 3학년 등과 같이 입시에 대한 부담으로

초인적인 집중력을 발휘하는 시기에는 온전히 집중할 것이다. 하지만 전체 기간으로 따졌을 때 1만 시간을 온전히 집중하는 아이는 많지 않을 것이다.

홈스쿨링을 하게 되면 1만 시간을 온전히 공부하더라도 오전이면 모든 학습 분량이 끝난다. 즉, 아이는 학업 스트레스 없이 더 적은 시간으로 더 충실하게 공부할 수 있다.

어떻게 공부할까?

홈스쿨링은 어떻게 공부해야 할까? 수많은 과목이 있는데 이걸 어떻게 해야 할지 난감하다. 이러한 궁금증에 대해 먼저 방법론적인 입장을 알아보자.

이렇게 공부하라! 슬로 슬로 퀵 퀵?

홈스쿨링의 핵심인 '1년 3학기제'나 '20분 학습법'을 잘못 이해하면 아이에게 지나친 학습 부담을 주는 것으로 인식할 수가 있다. 하지만 결코 아니다. 왜냐하면 우리가 하는 홈스쿨링 학습법은 일반적인 학습법과 차이가 있기 때문이다.

검정고시를 기준으로 고등학교 과정까지 이수해야 하는 필수과목은 국어, 영어, 수학, 사회, 과학, 한국사, 6과목이다. 이 과목들을 한번 '슬로 슬로 퀵 퀵'에 적용해보자. 무슨 과목이 '슬로'이고, 무슨 과목이 '퀵'일까? 국어, 영어, 수학은 슬로이고, 사회, 과학, 한국사는 퀵이다. 즉, 국어, 영어, 수학은 인내심을 가지고 기초부터 천천히 공부해야 하는 과목이다. 반대로 사회, 과학, 한국사는 최대한 빠르게 이해만 하고 넘어가면 된다.

검정고시를 보거나 대학수학능력시험을 보기 위해서는 사회, 과학, 한국사에서 외워야 할 것들이 있다. 그래서 이러한 과목을 암기과목으로 인식한다. 하지만 학습을 할 때 결코 외울 생각을 해서는 안 된다. 그저 이해하고 지나가야 한다. 앞의 이론을 공부하고 뒤의 문제를 풀 때 이론을 보며 답을 적어도 상관없다. 암기과목은 이해하는 과목이지 결코 암기하는 과목이 아니다. 이렇게 말해도 외워야 한다고 생각하는 아이와 부모가 있다. 그렇게 생각하고 외워도 어차피 두 밤만 자면 다 잊어버린다. 쓸데없이 학습시간만 길어져 학업 스트레스만 늘리는 일이다. '퀵 퀵' 하며 넘어가야 할 과목을 굳이 잡고 늘어질 필요가 없다.

그렇다면 암기는 언제 해야 할까? 암기는 공부를 하다 보면 자연스레 알게 되고 외워지는 시기가 온다. 그 이유는 사회, 과학, 한국사 분야가 일상생활에서 늘 접하는 분야이기 때문이다. 또한 아이가 독서하는 책 중 대부분은 사회, 과학, 한국사에 대한 것이다. 그러므로 시간이 지나면서 알게 모르게 수없이 반복해서 배우게 된다. 그래도 외워지지 않는 부분은 시험 전에 외우면 된다. 그러므로 굳이 사회, 과학, 한국사에 많은 시간을 할애할 필요가 없다. 오히려 그 시간에 국어, 영어, 수학 같은 슬로 과목에 더 시간을 들여야 한다. 외워도 다 잊어버릴 텐데 힘을 쓸 필요가 없지 않은가?

부모가 가르치지 마라

홈스쿨링을 한다고 하면 많은 사람들이 부모가 공부를 가르친다고 생각한다. 분명 홈스쿨링을 하는 부모 중에 스스로 가르치는 부모도 있다. 게다가 부모가 교사인 경우, 자신이 학교에서 가르치는 과목을 직접 가르치려 들 것이다. 분명히 말하지만 절대로 부모가 공부를 지속적으로 가르쳐서는 안 된다. 부모가 공부를 가르치는 시간은 짧을수록 좋다.

부모가 공부를 가르치면 안 되는 이유는 2가지이다. 첫째, 아무리 부모가 실력이 좋아도 인강(인터넷 강의)을 하는 스타 강사처럼 잘 가르칠 수는 없다. 스타 강사들은 가르치는 방법이 탁월하다. 아이를 집중하게 만드는 힘이 있다. 그런 최고의 강사가 있는데 굳이 부모가 그 역할을 감당할 필요가 없다. 홈스쿨링을 하게 되면 아이가 집에 있기 때문에 안 그래도 부모의 에너지가 많이 소모된다. 그런데 공부마저 가르치면 아이에 앞서 부모가 먼저 지치게 된다.

둘째, 부모가 아이의 실력을 꼼꼼하게 아는 것은 좋지 않다. 아이가 문제집을 통해 어느 부분이 약한지 강한지 스스로 분석한 다음 부모에게 도움을 요청해야 한다. 하지만 부모가 아이의 실력을 꼼꼼하게 알면 "이게 안 되니까 이걸 해라. 저걸 해라" 하게 된다. 그 결과 아이는 스스로 학습하는 방법을 깨우치지 못한다. 스스로 시행착오를 겪으며 자신의 문제를 파악해야 하는데 그 기회를 부모가 박탈해버리는 것이다. 결국 아이는 자기주도학습을 할 수 없게 된다.

이처럼 부모가 가르치는 것은 아이에게도, 부모에게도 좋지 않다. 부모는 스스로 아이의 과외교사가 아님을 명심해야 한다. 그저 코치의 역할만 담당해야 한다.

100점 맞도록 공부하라

홈스쿨링을 하려는 부모들이 기겁할 제목이다. 언제는 검정고시에서 60점만 맞아도 된다더니 100점을 말하니 이해되지 않을 수도 있다. 간혹 아이들이 이런 질문을 하는 경우가 있다. "문제를 풀 때 시간을 정해두고 풀어야 하나요? 아니면 시간은 신경쓰지 말고 그냥 풀리는 대로 풀어야 하나요?"

즉, 시험은 시간이 정해져 있으니 그에 대비해서 빠르게 풀어야 하는지 정확하게 풀어야 하는지를 묻는 것이다. "지혜롭게 풀어야지"라고 하면 아이들은 어이없다는 표정을 짓는다.

다른 부모들은 어떻게 생각하는지 궁금하다. 단순한 질문 같지만 많은 아이들이 이 질문에 수없이 시달리는 것을 20년 가까이 봐왔다. 오히려 수학보다 국어에 있어 이 질문에 더 많이 시달린다. 정답은 뭘까? 정답은 앞에 이미 나와 있다. 공부를 할 때 시간에 구애받지 말고 정확히 풀어야 한다. 정확히 풀고 정확히 맞아야 그 문제를 정복할 수 있다. 정복하게 되면 다음에 동일한 문제를 풀 때 자연스레 시간이 줄어든다.

또한 정확히 풀어야만 아이는 공부 부담을 줄일 수 있다. 아이의 학습 시간이 길어지는 이유 중에 하나가 틀린 문제를 검토해야 하기 때문이다. 게다가 아이는 틀린 문제를 검토하는 걸 끔찍하게 싫어한다. 왜냐하면 공부를 했는데 또다시 공부하는 듯한 느낌을 받기 때문이다. 하지만 엄밀하게 따지면 틀린 문제를 검토하는 건 원래 공부할 분량 안에 있는 것이다. 그러므로 당연히 해야 하는 일이다. 하지만 아이는 싫어하고, 더 많은 시간을 공부한다고 느낀다.

그러므로 문제를 풀 때 아이에게 정확성을 요구해야 한다. 100점을 요구해야 한다. 정확히 잘 풀어야 더 편하다는 것을 알려줘야 한다. 이것은 아이의 공부 습관에 중요하다. 한 문제를 풀더라도 정확히 알고 풀 수 있다면 다음에는 그 문제를 풀 필요가 없다. 그렇다면 아이의 공부량은 조금씩 줄어들 것이다.

공부에
왕도는 없다

평범한 아이도 홈스쿨링을 통해 어느 정도 이상 성과를 낼 수 있다. 왜냐하면 홈스쿨링은 시간이라는 자연의 법칙을 통해 성과를 내는 학습법이기 때문이다. 많은 이들이 공부에 왕도가 있다고 착각한다. 머리가 좋거나, 재능이 있거나, 지혜로운 경험이 뒷받침된 경우가 아닌 이상 공부는 누구나 똑같다. 콩 심은 데 콩이 난다. 농사 같고, 운동 같다. 한마디로 정직하다.

그럼 어떻게 공부해야 할까? 정직하게 하면 된다. 공부에 시간을 소비하면 된다. 명심해야 할 것은, 공부하면서 알게 모르게 낭비하는 시간을 없애야 한다. 그렇게 되면 공부하는 시간이 늘고, 실력은 분명 그 시간만큼 성장한다. 이것이 진리이다. 그러므로 공부할 의지가 있을 때 시간을 아껴 공부해야 한다.

축구 선수가 드리블 연습을 한다. 하루에 1시간 드리블 연습을 하는 선수와 하루에 2시간 드리블 연습을 하는 선수가 있다. 그 외에 다른 조건이 같다면 누가 드리블을 더 잘할까? 당연히 하루에 2시간 드리블 연습을 하는 선수가 더 잘할 것이다. 공부도 마찬가지이다. 머리가 좋거나 재능이 있으면 하루에 1시간 공부하는 것만으로도 하루에 2시간 공부하는 효과가 있다. 하지만 딱히 남보다 나은 점이 없다면 그저 정직하게 하는 것이 유일한 길이다. 그러므로 학업 실력을 키우기 위해 노력해야 한다고 아이에게 가르쳐야 한다.

학습시간을 체크하라

학습을 하면서 아이의 집중력이 떨어질 때가 있다. 수업시간에 노래를 흥얼거리거나 딴짓을 한다. 아이에게 집중하라고 말하면 아이는 집중하고 있다고 대답한다. 그런 모습을 지켜보는 부모는 힘들다. 뻔히 집중하지 않고 있는 게 보이기 때문이다. 그때 가장 좋은 방법은 아이 스스로 학습시간을 체크하는 것이다.

먼저 스톱워치를 준비한다. 그리고 수업시간이 시작되면 학습시간을 체크하도록 한다. 아이도 시계를 보며 시간을 체크할 때보다 더 큰 관심을 갖는다. 아마도 스톱워치의 초가 바뀌는 것을 보며 실제 시간의 흐름을 느끼는 듯하다. 그렇게 시간을 재보면 수업시간은 20분이더라도 실제 학습시간이 17분에 끝나는 경우도 있고, 심지어 12분에 끝나는 경우도 있다. 17분에 끝났다면 한번 더 검토해볼 수 있고, 12분에 끝났다면 문제집 1장을 더 풀어도 된다. 하지만 아이는 그 시간을 그냥 집중하지 않은 채 보낸다. 이러한 사실을 아이 스스로 느끼게 해야 한다. 20분을 온전히 집중하도록 도와주어야 한다. 그렇게 되면 아이의 학습시간이 더욱 충실해질 것이다.

시간을 관리하라

어떤 다이어리는 15분마다 일정을 적을 수 있게 제작되었다. 그렇게 시간관리를 하면 버리는 시간이 적어져 효율성이 높아지기 때문이다. 알다시피 하루 24시간 중에서 꽤 많은 시간이 '아무것도 하지 않는 시간'이다. 물론 그 시간이 일종의 쉬는 시간이기도 하지만 그 시간에 온전히 쉬지도 못한 채 그냥 시간만 버리는 경우가 많다.

아이를 키우다 보면 그런 시간을 자주 만난다. 그런 시간을 최대한 줄이기 위해서는 철저하게 시간 계획을 세우는 방법밖에 없다. 아이 스스로 30분 단위로 시간 계획을 세울 수 있어야 한다. 그렇게 해보면 하루에 많은 빈칸이 생기는 것을 알게 된다. 그리고 그 빈칸을 충실하게 채워나간다면 아이는 계속 성장할 것이다.

홈스쿨링 20분 학습법도 사실상 30분 단위로 시간 계획을 세우는 것이다. 왜냐하면 20분 학습과 10분 휴식이 한 세트이기 때문이다. 그러므로 홈스쿨링을 통해서 아이는 30분 단위로 시간을 사용하는 데 익숙해진다. 그렇게 되면 시간이 지나 아이는 더 짧게 시간을 쪼갤 수도 있게 된다. 즉, 시간을 관리하는 방법을 깨우치게 된다.

부모의 역할

홈스쿨링에서 부모가 할 일은 많지 않다. 홈스쿨링의 원칙에서 학습계획을 세우는 이도, 학습을 하는 이도 아이이다. 물론 홈스쿨링을 시작할때는 모든 부분에서 부모가 함께해야 하지만 그 기간은 짧으면 짧을수록 좋다. 나머지는 모두 아이의 몫이다. 그럼에도 아이를 위해 할 일을 하겠다면 부모가 할 일이 몇 가지 있다.

코치가 되자

홈스쿨링에서 부모는 코치 역할을 해주어야 한다. 아이가 스스로 하면 좋지만 아이에 따라 스스로 공부하는 데 어려움을 느낄 수도 있다. 심각한 문제는 아니다. 단지 아이는 시간표와 커리큘럼이 있음에도 스스로 무엇을 해야 할지 모른다. 이해되지 않을 수도 있지만 아직은 아이이기 때문에 어쩌면 당연한 일인지도 모른다. 그러므로 아이에게 "너는 시간표가 있는데도 모르냐"고 잔소리를 해서는 안 된다. 그저 아이에게 "지금은 무슨 시간이니까 뭘 하면 된다"고 한마디만 하면 된다.

이때 부모는 아이의 옆에서 자신의 일을 함께하는 것도 좋다. 아이가 심리적으로 안정을 찾는 데 도움이 되기 때문이다. 아이는 부모가 일하는 모습을 보면서 부모의 일과 자신의 일이 구분됨을 인식한다. 이는 매우 중요하다. 아이가 자연스럽게 자신만의 마라톤을 뛸 준비를 하도록 도울 수 있기 때문이다.

또한 홈스쿨링을 시작하면 말이 많아지는 아이도 있다. 말이 많아진다는 것은 그만큼 부모와의 친밀감이 높아짐을 의미한다. 아이는 그동안 학교에서 많은 친구들과 있었는데 이제는 수업시간에 부모밖에 없다. 그렇기 때문에 일시적으로 부모에 대한 친밀감이 증가할 수밖에 없다. 그때 부모는 아이의 말을 유심히 듣고 성의껏 대답해야 한다. 단, 학습시간에는 말을 하지 않도록 지도해야 한다. 그래야 20분이라는 짧은 학습시간을 알차게 사용할 수 있다.

만약 아이가 풀기 어려운 문제에 대해 질문을 하면 일단은 스스로 풀 수 있도록 문제를 이해시키는 정도로 답변을 하면 된다. 사실 아이가 질문하는 문제의 대부분은 아이가 문제를 온전히 이해하지 못한 경우이기 때문에 그 부분만 조금 도와주면 아이는 문제를 혼자 풀 수 있다.

채점

부모가 하는 가장 큰 일이다. 사실 채점도 당연히 아이가 하는 것이 맞다. 하지만 일정 기간은 부모가 해주는 것도 좋다. 아이를 못 믿어서가 아니라, 생각보다 채점하는 데 시간이 많이 걸리기 때문이다. 또한 채점하는 시간 동안 아이는 잠깐의 휴식시간을 가질 수 있다. 그 시간을 통해 아이는 검토할 힘을 갖는다.

또한 채점을 통해 아이가 학습을 올바르게 하고 있는지 점검할 수 있다. 아이는 다 했다고 하지만 사실 기대한 만큼이 아닐 수도 있다. 더군다나 국어 서술형 문제의 경우 아이는 다 했다고 했지만 그저 '~가 재미있다고 생각했다' 정도로 끝내버리는 답이 많다. 또한 문제에서는 2개의 답을 요구하지만, 1개만 적고 넘어가는 부분도 많다. 이 경우 채점을 통해 아이가 문제를 적극적으로 풀 수 있게 도와주어야 한다. 이렇듯 채점을 하면 아이의 학습방식을 알 수도 있고 학습에 대한 적극성도 알 수 있다. 부모는 그 과정을 통해 아이를 파악할 수 있고, 다음 계획에 반영할 수 있다. 그러므로 힘들지 않다면 일정 기간 동안 채점을 해주는 것이 좋다. 내 경우 첫해에 총 6개월 정도를 해주었고, 2번째 해에는 총 1개월 정도를 해주었다.

영어동화 읽어주기

부모는 자신의 발음이 엉망이라고 생각하지만 막상 해보면 생각보다 잘한다는 것을 느끼게 된다. 영어를 아예 모르는 아이에게 처음으로 영어를 알려주는 과정이다 보니 영어를 잘하지 않더라도 가르치는 데는 크게 문제가 없다. 단, 영어동화를 읽어주려면 준비가 필요하다. 하지만 영화동화의 내용이 대부분 아는 내용이기 때문에 준비하는 데 어려움은 없다. 10분 정도 DVD를 들으며 발음을 확인하고 단어의 의미를 파악하면 된다.

검증하라

홈스쿨링은 아이가 스스로 학습하는 것이다. 즉, 자기주도학습이다. 그렇다고 아이에게 다 맡겨둔다면 나중에 기대했던 것과 다른 결과가 나올 수도 있다. 아직은 아이이기 때문이다. 어떤 부모들은 아이가 자기주도학습을 하는 것에 만족한 나머지 그저 아이에게 모든 것을 맡기는 경우가 있다. 하지만 자기주도학습이 온전하기 위해서는 끊임없이 검증과정을 거쳐야 한다. 이는 아이를 믿지 못해서가 아니다. 아이와 부모가 온전한 자기주도학습을 위해 당연히 거쳐야 하는 과정이다. 즉, 자기주도학습에 검증과정이 포함된다.

그러므로 부모는 아이와 동의하에 수시로 아이의 상태를 검증해야 한다. 검증에는 여러 가지 방법이 있다. 가장 기본적인 검증은 채점이다. 채점을 통해 문제를 대하는 아이의 태도를 알 수 있다. 또한 단원평가나 모의고사 같은 시험도 좋은 방법이다. 이를 통해 아이의 학습성과를 확인할 수 있다. 더불어 아이에 대한 관심이다. 아이를 관심 있게 지켜보는 것만으로도 성실성과 현재 상황을 확인할 수 있다. 이와 같은 검증과정을 거치게 되면 아이는 시행착오를 통해 차츰 더 온전한 자기주도학습을 할 수 있게 된다. 그러므로 부모는 검증과정에 좀 더 신경쓸 필요가 있다.

아이와의 결판 승부,
아이 설득

교회학교 교사를 하며 늘 아이들에게 질문을 했다. "너네 학교 재밌어?" 많은 아이가 재미없다고 했다. 넉살 좋은 아이는 "선생님은 학교 안 다녔어요? 재미가 있겠어요?"라고 묻는다.

놀랍지만 아직 유치원생인 아이들도 50퍼센트는 재미없다고 한다. 그리고 초등학교 4학년이 되면 거의 100퍼센트의 아이들이 재미없다고 한다. 물론 아이들 중에 실제로는 나름 괜찮지만 옆의 친구가 그렇게 대답했기 때문에 같은 대답을 했는지도 모른다. 하지만 많은 아이들에게서 진심이 묻어났다. 그런 상황에서도 10~30퍼센트의 아이들은 소신 있게 재미있다고 한다. 하지만 그 아이들도 얼마 지나지 않아 학교 생활에 어려움을 토로하며 흥미를 잃는다. 어찌 보면 당연하다. 학교가 아이를 위한 온전한 공간이 아니기 때문이다.

그런 상황이더라도 홈스쿨링을 아이에게 제안하는 것은 조심스러워야 한다. 홈스쿨링을 하도록 부모가 설득할 수는 있지만 그 결정은 아이가 해야 한다. 절대 "학교는 좋은 곳이 아니니까 홈스쿨링 해"라고 말하면 안 된다. 그러므로 아이가 학교에 다니는 동안 홈스쿨링이 무엇인지, 어떤 장점이 있는지, 언제쯤부터 하면 좋은지 등을 알려줘야 한다. 그를 통해 홈스쿨링에 대한 관심을 갖도록 해야 한다. 또한 홈스쿨링의 자유로움을 알려주되 학습의 부담과 책임도 분명하게 알려주어야 한다. 그렇게 아이에게 자연스럽게 홈스쿨링을 인식시켜야 한다.

다른 두 아이

내 첫째 아이와 둘째 아이는 성향이 정반대이다. 첫째 아이는 홈스쿨링에 최적화된 아이라고 말할 수 있다. 목표 중심적인 성향이라 무언가를 제시해주면 그 목표를 이루기 위해 노력하고 결국엔 해낸다. 보통 이러한 성향의 아이는 다른 아이보다 뭐든지 더 잘하길 원한다. 그 결과 친구보다 더 앞서 나갈 수 있는 '1년 3학기제'가 더 큰 목표가 되고, 성취할 때마다 자신감을 얻는다. 또한 10살에 꿈을 찾았고, 어린 나이이지만 그 꿈을 위해 다른 아이보다 훨씬 많은 시간을 투자하고 있다. 학교에서 낭비하는 시간이 없기 때문에 가능한 일이다. 더불어 친구들과의 관계도 즐기기 때문에 어딜 가나 친구를 만날 수 있다는 자신감이 있어 학교에 다니는 아이들보다 훨씬 더 넓은 인간관계를 맺고 있다.

하지만 둘째 아이는 다르다. 오히려 홈스쿨링에 실패할 확률이 높다.

그렇다고 이 아이가 학교에 다니면 성공할 확률이 높다는 의미도 아니다. 냉정하게 말해 무엇을 해도 성과가 더딘 아이이다. 학교에서도 공부가 뒤처지고, 집에서도 공부하는 것을 싫어한다. 하고 싶은 게 뭐냐고 물어보면 하고 싶은 게 없다고 하고, 해맑게 누워 있는 것을 좋아한다. 한마디로 부모는 아이가 마냥 착하다고 하고, 교사는 답이 없다고 표현한다.

둘째 아이의 경우, 홈스쿨링을 시키는 것도 학교를 보내는 것도 쉬운 일이 아니다. 꿈을 이루거나 대학에 입학하기 위해서는 학습이 기본이 되어야 하는데 공부에 관심이 없고 힘들어한다면 분명 쉽지 않다. 하지만 이때 부모는 쉽게 다른 선택지로 옮기면 안 된다. 홈스쿨링을 하다가 잘 되지 않고 힘들다고 하여 홈스쿨링이 잘못되었다거나 혹은 그래서 학교에 보내야겠다고 생각해서는 안 된다. 왜냐하면 그 아이는 성향상 그런 아이이기 때문이다.

둘째 아이도 충분히 성공적인 홈스쿨링을 할 수 있다고 생각한다. 단, 첫째 아이와의 차이점은 손이 많이 간다는 점이다. 첫째 아이의 경우 처음 홈스쿨링을 시작할 때 함께한 시간이 열흘 정도밖에 되지 않았다. 하지만 둘째 아이의 경우 주기적으로 부모와 함께하는 시간이 필요할 수 있다. 예를 들어 일주일의 하루는 부모와 함께한다든지, 한 달에 며칠은 부모와 함께한다든지 등 시간이 필요할 수 있다. 한마디로 신경 쓸 일이 많다. 하지만 어느 정도의 시간이 지나면 스스로 하는 방법을 배울 것이다. 첫째 아이만큼은 아닐지 몰라도 시간이 지나면서 별 차이를 느끼지 못할 정도로 성과를 낼 거라고 생각한다. 한마디로 인간 승리인 셈이다.

부모 중에는 홈스쿨링을 시작하면 아이가 커리큘럼대로 당연하게 잘 따라갈 거라고 생각하는 부모도 있을 것이다. 예를 들었듯이, 분명히 말하지만 아니다. 그러므로 때로는 부모 입장에서 힘들 수 있다. 하지만 그 아이는 부모가 가장 사랑하는 아이이다. 그렇기 때문에 힘들어도 당당하게 감당해야 한다. 지금은 비록 힘들더라도 홈스쿨링을 통해 스스로 하는 법을 잘 가르친다면 지금보다 훨씬 더 성숙한 아이가 될 수 있다. 그러므로 절대 포기하지 말고 사랑으로 이 시간을 잘 이겨내길 바란다.

5

/

나이별 특성
및 학습방법

아이 인생의 주인공은 아이이다.
그러므로 부모의 역할은 훈련까지이다.
결코 부모가 인생을 대신 살아줄 수는 없다.

피아제의
인지발달이론

홈스쿨링을 하기 위해서는 아이의 나이별 특성 및 학습방법을 알아야 한다. 알아야 아이를 이해할 수 있으며, 알아야 때로는 아이의 발목을 붙잡을 수 있는 감정싸움을 줄일 수 있다. 아동발달연구에서 중요한 역할을 하는 이론 중 '피아제의 인지발달이론Piaget's cognitive development theory'이 있다. 인지발달이론이 완벽한 이론은 아니지만, 이를 통해 나이에 따른 아이의 인지발달에 대해 알 수 있다. 그러므로 피아제의 인지발달이론을 기준으로 나이별 특성 및 학습방법을 확인하면 좋을 듯하다. 참고로 여기서 제시하는 내용은 일반적인 아이의 기준이기 때문에 아이가 빠르거나 혹은 늦는 경우 부모가 그에 맞춰 아이를 이해하면 된다.

아이를 알고 행동하라

요즘 '어린아이출입금지구역No Kids Zone'이 많이 생겼다. 한번은 맛집이라고 해서 아이들과 함께 외식하러 갔다가 돌아선 경험이 있다. 그 경험이 썩 유쾌하지 않았기에, 그 이후부터는 맛집에 가기 전 아이들이 출입할 수 있는지를 우선 확인한다.

요즘 사람들은 피해 보는 것을 싫어한다. 그래서인지 부모도 밖에서는 아이를 더 엄격하게 대하는 경우가 많다. 그렇게 되면 아이는 집과는 다른 부모의 모습에 상처를 받는다. 하지만 어떤 아이는 그 상황에서 부모에게 지지 않으려고 한다. 즉, 고집을 부린다. 그때 부모는 당혹감을 느낀다. 집에서는 소리를 '꽥' 지르면 끝나지만, 밖에서는 품위를 지키기 위해 우아한 감정싸움을 해야 하기 때문이다. 하지만 결국에는 평소 성격이 나오는 경우가 많다. 그때부터 주위 사람들도 긴장한다.

한번은 카페에서 3살 정도 된 아이가 칭얼대는 모습을 본 적이 있다. 엄마 모임에 따라온 아이가 지친 것이다. 하지만 엄마는 관심 없는 듯 도도하다. 아이가 의자에서 벗어나려고 하는 순간 엄마가 제지한다. "가만히 앉아 있어야지. 여기서 왔다 갔다 하면 안 돼." 아이는 계속 칭얼대다 울음을 터뜨린다. 하지만 엄마는 아이를 달래기보다 차분한 말투로 말한다. "엄마가 똑바로 앉아 있지 않으면 여기 못 온다고 했어."

아이는 계속 훌쩍이지만 엄마는 계속해서 다른 엄마들과의 대화만 이어간다. 중간에 다른 엄마들이 아이를 위로해주려고 하지만, 엄마는 그것마저도 거부한다. 아이를 잘 양육하기 위한 결연한 의지를 엿보이는 표정을 지으며 말이다.

힘에 부친 아이가 또다시 울음을 터뜨리는데도 쳐다보지도 않는다. 결국 극한 상황으로 치닫고, 다른 엄마들이 안절부절못하고 나서야 엄마는 목소리를 높인다. "울지 마! 분명히 엄마하고 약속했잖아! 얌전히 있으라고!" 엄마의 말끝에 강한 분노가 느껴진다. 그렇게 엄마는 잠시 동안 아이를 잘 다루는 듯 행동했지만, 결국 밑천을 드러내고 말았다. 최후의 발악을 하는 아이에게 더 강한 목소리로 쏘아붙인다. "계속 말 안 들을 거야! 다시는 따라온다고 하지 마!" 아이는 엄마에게 1번만 안 아달라고 계속 울지만, 엄마는 결국 카페를 먼저 나가버린다. 모임은 머쓱하게 끝나고, 아이는 다른 엄마들이 뻘쭘하게 데리고 나간다.

그 모습을 보며 아이가 받았을 상처에 마음이 아팠다. 3살 아이는 아직 욕구 중심적인 성향이 남아 있고, 논리적인 생각을 할 수 없는 나이이다. 냉정하게 말하면 말이 통하지 않는 나이이다. 그런 아이에게 잘 설명한다고 해서 말을 들을 거라 생각했다면 오산이다. 그걸 모르는 엄마는 아이가 말을 듣지 않는다며 아이와 감정싸움을 한다. 그 아이는 매우 평범한 아이였다. 만약 아이가 힘들어할 때 다른 사람에게 방해되지 않는 선에서 움직이게 했다면 어땠을까? 아이가 울 때 꼭 안아주며 힘들어도 조금만 기다려달라고 했다면 어땠을까? 조금 더 나은 결과를 얻었을 것이다. 욕구 중심적인 아이에게 욕구를 차단시키면 아이는 욕구 불만에 빠질 수 있다. 그러므로 아이의 욕구를 적절히 해소할 수 있도록 해주어야 한다. 더군다나 밖에서 모임을 가질 때는 더욱 그렇다. 부모도 견디기 힘든 긴 시간을 아이가 견디기는 더 힘들다.

그러면 이러한 경우처럼 아이가 막무가내로 떼쓰는 상황에서 부모는 어떻게 해야 할까? 부모는 일단 아이의 욕구를 어느 선까지 들어주는 것이 좋다. 위기 상황에서 벗어나는 게 우선이기 때문이다. 그러므로 절대 그 상황에서 교육하려고 하면 안 된다. 주위의 시선 때문에 교육을 하면 아이는 더욱 견디기 힘들 것이고, 괜한 감정싸움에 서로 상처만 받는다. 교육은 집에서 해야 한다. 평안한 상태에서 교육해야 아이가 받아들일 수 있다. 또한 교육하기 전에 먼저 아이의 나이별 특성을 알고 아이를 이해해야 한다. 더불어 내 아이만의 독특한 특성 또한 잘 파악해야 한다. 그런 것을 알고 집에서 평안한 때에 아이를 교육하면 된다. 그렇게 되면 밖에서는 사랑만으로도 아이의 욕구를 해소시킬 수 있다.

출생~2살 : 아이를 있는 힘껏 사랑하라

피아제의 인지발달이론에 의하면 출생부터 2살까지는 '감각운동기'이
다. 시각, 청각, 후각, 미각, 촉각 등 5가지 감각을 통해 세상을 인식하는
시기이다. 그렇기 때문에 아이는 어떤 물건이든 손에 쥐려고 하고, 입에
갖다 대고 빨려고 한다.

부모는 먼저 아이가 이 시기에 이러한 욕구가 있다는 것을 알아야 한
다. 그리고 그 욕구를 충족할 수 있도록 도와주어야 한다. 어떤 부모는
아이가 물고 빨면 "안 돼"라며 뺏는다. 혹시라도 아이가 삼킬까 봐, 아
니면 위생 상태 때문에 그러는 것이다. 결국 아이는 하루 종일 빨고, 부
모는 하루 종일 뺏고를 반복한다. 그렇게 되면 아이도 스트레스를 받고,
부모도 스트레스를 받는다. 아이는 스트레스를 넘어 욕구불만에 빠질

수도 있다.

그러므로 부모는 아이가 5가지 감각을 충분히 사용하도록 도와주어야 한다. 주변을 잘 정돈하고, 아이가 물고 빨아도 되는 안전한 물건을 둔다. 그래서 충분히 만지고 빨 수 있도록 해야 한다. 이와 함께 부모가 사랑을 표현하면 된다. 아이를 안아주며 아이가 피부를 통해 촉각으로 부모를 느낄 수 있도록 하면 된다. 또 아이와 눈을 맞추며 아이가 시각을 통해 부모를 인식하도록 하면 된다. 더불어 끊임없이 대화를 시도하거나 책을 읽어주며 아이의 청각을 통해 부모와 함께하고 있음을 알려주면 된다.

1~2살 아이 : 아이에 대한 사랑을 표현하라

일반적으로 아빠보다 엄마가 잘한다. 아빠 역시 아이를 사랑하지만 그만큼 잘 표현하지 못한다. 아니, 아직 표현할 필요가 없다고 느낀다. 그저 3살 정도 되었을 때부터 몸놀이를 해주면 된다고 생각한다. 하지만 결코 그렇지 않다. 아이가 태어난 순간부터 아이의 눈을 맞추며 아이와 교감하기 위해 노력해야 한다. 수없이 말을 걸어주고, 책을 읽어주고, 마사지를 해주어야 한다. 아이가 깔깔거리며 웃을 수 있는 시간을 끊임없이 주어야 한다. 이러한 노력이 아이의 성격, 성품, 의지 등에 온전한 영향을 미치기 때문이다.

2~7살 : 아이를 있는 모습 그대로 사랑하라

피아제의 인지발달이론에 의하면 2살부터 7살까지는 '전조작기'이다. 이 시기 아이는 처음으로 생각하기 시작한다. 하지만 체계적이고 논리적인 생각을 할 수 없다. 아이가 막무가내로 떼를 쓰고, 고집을 피우는 이유이다. 이 시기를 전조작기라고 부르는 이유는 생각을 논리적으로 조작할 수 없기 때문이다. 전조작기는 조작적 사고를 거의 못 하는 전개념적 사고단계(2~4세)와 조작적 사고가 어느 정도 나타나는 직관적 사고단계(5~7세)로 나뉜다.

여러 미운 나이들이 있지만, 직관적 사고단계인 5살에 접어들면 말을 잘 듣던 아이가 말을 듣지 않는 것처럼 느껴지는 경우가 많다. 왜냐하면 아이가 자신만의 생각을 가지기 시작하기 때문이다. 그동안 아이는 부모의 방식이 마음에 들지 않더라도 그냥 그런가 보다 했다. 하지만 이제는 자기 생각이 조금씩 생기기 때문에 갈등이 일어난다. 즉, '미운 4살, 죽이고 싶은 7살'이라는 말이 나오는 이유이다. 이때는 아이의 생각이 깊어지고 있다는 것을 인식하고, 그에 따라 아이를 대하는 태도를 바꾸어야 한다.

3살 아이 : 아이의 관심을 읽고, 그에 응답하라

만약 아이가 아직 3살인데 낱말카드를 쥐고 산다고 하자. 그렇게 되면 아이에게 낱말을 알려주면 된다. 언어에 재능이 있는 아이는 3살 정도부터 언어학습을 원하기도 한다. 그런 아이는 책을 읽어줄 때 보면 알 수 있다. 몇 번 읽어주지 않았는데 기억하는 단어가 있다든지, 놀다가도 특정 단어를 반복한다든지 하면 그 아이는 언어에 재능이 있는 아이일 수 있다. 마찬가지로 아이가 피아노 같은 악기 소리에 예민하게 반응한다든지 아니면 공 차는 것에 관심을 가진다면 해당 분야에 재능이 있을 수 있다.

그럴 경우 부모는 아이가 그 분야에 재능이 있다는 것을 그저 인지하고, 계속 관심을 가질 수 있도록 도와주면 된다. 이때 주의할 점은 부모가 먼저 아이에게 무언가를 요구하면 안 된다는 것이다. 부모는 '이렇게 하면 아이가 더 잘하겠지?' 하는 마음에서 하는 행동이지만 그 결과 아이의 관심은 사라질 수 있다. 그렇게 되면 얼마 지나지 않아 아이의 재능도 사라진다. 그러므로 이때는 그저 아이가 원하는 만큼, 집에서 해줄 수 있는 수준에서 부모가 함께해주는 정도로 충분하다. 그래야 아이의 재능이 잘 발현될 수 있다.

4살 아이 : 아이의 영재성

4살에 아이의 영재성이 처음 발현된다고 한다. 3살 때 아이가 관심 갖는 것에 집중할 수 있게 도와주다 보면 4살에 요즘 말로 '포텐'이 터진다. 그중에 진짜 영재가 있을 수 있다. 여기까지는 좋은데 문제는 그에 대한 반응이다. 일반적으로 아이가 재능이 있으면 부모는 오버하게 된다. 특히 첫째 아이를 키울 때 더 심하다. 당연하다. 처음 하는 경험이기 때문이다. '우리 사이에서 어떻게 이런 애가 나왔지?' '내 아이가 천재인가?' '나도 천재였나?' 하면서 '뭘 해야 하지?' 하고 서두른다. 그리고 무언가를 시켜야 한다는 압박에 휩싸이고 아이가 할 수 있는 것들을 해주려고 노력한다. 전문적으로 교육시키기 위해 학원에 보내기도 한다. 하지만 아이에게 정형화된 무언가를 제시하는 순간 아이는 더 이상 비범한 길로 나아가지 못할지도 모른다.

그림에 재능이 있는 아이가 있다. 코끼리를 그렸는데 조금 신기하게 그렸다. 하지만 누가 봐도 코끼리이고 누가 봐도 잘 그린 그림이다. 그 아이에게 코끼리의 특징을 말하며 귀를 더 크게 그리라고 한다든지, 코에 주름을 넣으라고 한다든지 하면 어떻게 될까? 아이 머릿속의 코끼리는 사라져버릴 것이다. 그와 동시에 어쩌면 아이의 재능도 사라질지 모른다.

아이를 그대로 두자. 단, 아이의 말에 귀를 기울이고 아이가 원하는 것이 있다면 최대한 자유롭게 할 수 있는 환경을 조성해주면 된다. 만약 4살이 되었는데도 아이에게 특별한 점이 보이지 않는다면 '그저 잘 자라고 있구나'라고 생각하면 된다.

5살 아이 : 5살에 필요한 것은 영어가 아니라 예체능이다

아이가 5살이 되면 부모는 고민이 많다. 유치원에 입학하는 시기이기 때문이다. 사립 유치원을 보낼지, 단설이나 병설 유치원을 보낼지 등을 결정하기 위해 발품을 판다. 아이 교육에 관심이 많은 부모는 생태 유치원이나 영어 유치원에 보내길 원한다. 생태 유치원은 추구하는 목표대로 잘 교육하고 있다는 가정하에서는 좋다. 하지만 영어 유치원은 아니다. 이는 정말이지 너무나 안타까운 현실이다. 영어 유치원생 중 최소 95퍼센트는 초등학교 3학년부터 영어를 시작한 아이들에게 따라잡힐 것이다. 그런데 군이 아이도 스트레스를 받고 부모도 재정적으로 부담이 큰 영어 유치원에 보낼 필요는 없다. 이는 부모의 잘못된 기대와 착각 때문에 괜한 고생을 하는 것이다.

5살 아이에게 필요한 것은 단순히 좌뇌를 자극시키는 영어가 아니라 우뇌 자극을 통해 좌뇌까지 자극이 되는 예체능이다. 가장 기본은 뭐니 뭐니 해도 운동이다. 아이가 즐겁게 뛰는 만큼 우뇌가 자극되고, 규칙을 통해 좌뇌마저 자극된다. 미술 역시도 상상을 하며 우뇌를 자극시키지만 도화지에 실제로 그림을 그릴 때는 좌뇌가 자극된다. 특히 음악의 기본인 피아노는 우뇌 자극뿐만 아니라 좌뇌 자극에서도 체육이나 미술보다 월등하다. 실제로 한 연구에 따르면 음악을 병행한 아이가 수학을 더 잘한다고 한다. 즉, 음악이 우뇌 자극은 물론 좌뇌 자극에도 좋다는 뜻이다.

이처럼 아이에게 균형 있고 긍정적인 자극을 주어야만 부모가 원하는 머리 좋은 아이가 될 수 있다. 그러므로 예체능은 일찍 시작하는 것이 좋다. 하지만 5살까지는 정신적으로나 신체적으로 아직은 미숙한 상태이다. 그러니 아이에게 '무조건 해야 한다'가 아니라 '한번 해보자'로 접근해야 한다. 그렇게 자연스럽게 접근할 때 아이는 부모가 기대한 만큼의 목표를 이룰 수 있다.

6살 아이 : 무언가를 시작하기 좋은 시기

아이가 6살이 되면 정신적으로나 신체적으로 제법 성장한 듯 보인다. 제법 똘똘해 보이기도 하고 대화도 잘 통한다. 그래서 무언가를 시켜보면 해내려고 하는 의지도 제법 보인다. 이처럼 6살은 아이가 무언가를 시작하기 좋은 시기이다. 특히 평범한 아이가 무언가를 시작하기 좋은 시기이다. 그러므로 이 시기에는 무엇이든 시작해보는 경험이 필요하다. 하지만 그 경험이 사교육을 의미하진 않는다. 아빠와 함께 야구나 축구 같은 운동을 시작하거나 엄마와 함께 음악이나 미술을 시작해보는 것이다. 음악은 리코더 같은 간단한 악기부터 시작하면 되고, 미술은 간단한 만들기부터 시작하면 된다. 부모와 함께한다고 해서 몇 번 해보고 그만두는 정도를 의미하는 것은 아니다. 꾸준히 할 수 있는 무언가를 시작해야 한다.

만약 여건이 되지 않는다면 무언가를 가볍게 시작할 수 있는 체육문화센터를 이용해도 좋다. 단, 매일이 아니라 주 1~2회 정도 할 수 있는 활동을 선택해야 한다. 아이가 조금씩 적응할 수 있게 만들어주기 위해서이다. 천천히 시작해야 끝까지 갈 수 있다. 아이에게 필요한 건 무언가를 시작해보는 경험이다. 아이가 예상보다 잘하더라도 부모는 욕심을 부려서는 안 된다. 간혹 아이 중에 4살 때는 별다른 재능을 보이지 않다가 6살이 되어서야 재능을 보이는 경우가 있다. 하지만 재능을 보인다고 해서 다 영재는 아니다. 영재는 낭중지추囊中之錐, 즉 주머니 속의 송곳이라는 의미처럼 그저 드러난다. 만약 아이가 영재라면 누구나 알 것이고, 그때는 영재센터 같은 곳에서 영재인지를 검증받으면 된다.

7~11살 : 아이와 배움의 즐거움을 함께하라

피아제의 인지발달이론에 의하면 7살부터 11살까지는 '구체적 조작기'

이다. 이 시기부터 아이는 논리적으로 생각할 수 있다. 눈에 보이는 현실에 있는 구체적인 사물이나 행위에 대해서 체계적으로 생각할 수 있기 때문에 구체적 조작기라고 한다.

아이가 논리적으로 생각할 수 있다는 것은 공부할 수 있는 시기가 되었음을 의미한다. 또한 사회를 인식하게 되어 자기중심적인 면이 줄어들고 도덕적인 판단을 할 수 있게 된다. 즉, 사회성이 생긴 것이다. 그러므로 이 시기가 아이를 교육하기에 가장 자연스러운 시기이다.

7살 아이 : 학습이 아닌 경험이라는 양약을 먹여라

7살이 되면 부모의 마음이 급해진다. 왠지 유치원인데도 고학년이 된 것 같고, 초등학교에 갈 준비를 시켜야 할 것 같은 시기이다. 그러다 보니 부모가 아이에게 많은 것을 요구하게 된다. 하지만 유치원 여름방학 전까지는 그저 놀이와 경험이다. 많이 놀고 많은 것을 경험시켜주면 된다. 만약 아이가 학습을 원하면 학습도 좋은 놀이가 될 수 있다. 그리고 아이가 원하면 교육으로 들어갈 수도 있다. 아이의 특성에 따라 공부가 즐거운 놀이인 아이도 있기 때문이다. 하지만 이 시기에 중요한 것은 놀이를 통한 교육이지, 교육을 통한 교육이 아니다. 그러므로 가르쳐야 할 것이 있다면 재미있는 놀이로 만들어 경험시켜주려는 노력이 필요하다.

만약 평범한 아이라면 6살부터 한글을 읽는 다른 아이들을 보며 스트레스를 받지 않아야 한다. 열등감을 가지면 안 된다. 한글은 늦어도 7살 여름방학이 되면 아이가 스스로 관심을 갖게 되고 공부하고 싶어 한다. 왜냐하면 7살 1학기가 되면 많은 아이들이 한글을 읽기 때문이다. 그 모습을 보면서 아이도 하고 싶다고 느낀다. 그때부터 해도 늦지 않다. 오히려 한글을 배우는 속도는 훨씬 더 빠르다. 예를 들어 6살 때 1년 동안 배운 한글 수준을, 7살 초에는 6개월이면 끝나고, 7살 여름방학에는 4개월이면 끝난다. 즉, 어렸을 때 시작할수록 아이만 힘들다. 그보다 더 큰 문제는, 그 시기에 아이가 자연스레 배워야 할 것들을 배우지 못하거나 기회를 박탈당하는 것이다.

이 시기는 경험이 소중한 시기이다. 아이가 어느 정도 자랐기 때문에 경험이 그대로 양약이 된다. 그러므로 부모는 온몸과 마음을 다해 아이가 다양한 경험을 할 수 있게 해야 한다. 그리고 그 경험은 대부분 노는 것이 되어야 한다. 단순히 조금 놀아주고 마는 것이 아니라, 적극적으로 놀아서 아이의 기억 속에 행복했던 시절이 많아야 한다. 놀이동산도 가고, 영화관도 가고, 운동도 하고, 보드게임도 한다. 그렇게 신나게 노는 시간이 학습에서 얻을 수 없는 놀라운 뇌의 자극이 되고, 그것이 바로 아이에게 필요한 능력을 키우는 기회가 된다.

8살 아이 : 내 아이 전문가로서 행동하라

아이가 초등학교에 입학하면 아이뿐만 아니라 부모의 스트레스도 증가한다. 아이를 위해 당장 무언가를 해주어야 할 것만 같다. 그러다 보니 부모는 다른 부모들의 말에 흔들리기 십상이다. 이 시기 부모들은 사교육에 관심이 많다. 선행학습이나 학원, 운동, 학습지 등에 대한 것이다. 하지만 다른 부모들의 말만 듣고 따라하기엔 재정적으로도 부담이 되고, 효과 면에서도 의심이 들 수밖에 없다.

그러므로 부모는 이때 여기저기에 휘둘리지 말고 '내 아이 전문가'로서 행동해야 한다. 때로는 다른 부모들과의 관계에서 용기가 필요하기도 하다. 즉, 부모는 이 시기에 확고한 신념을 가지고 그에 따른 행동을 해야 한다. 그렇게 하지 않으면 아이에 앞서 부모가 먼저 흔들리다 쓰러지기 때문이다.

많은 부모들은 아이가 지금 얼마나 공부를 잘하는지, 지금 원하는 목표를 이루기 위해 어떻게 해야 하는지 등 지금 당장의 일에 관심이 많다. 하지만 그렇게 하는 건 '대학입시 마라톤' 42.195킬로미터 경주에서 초반 5킬로미터에 모든 것을 쏟아붓는 것과 다르지 않다. 그러므로 부모는 길게 생각해야 한다. 그리고 그 긴 시간을 어떻게 보내야 아이가 행복해하며 마라톤을 완주할 수 있을지 고민해야 한다. 스스로 아이를 어떻게 키울 것인지에 대해 진지하게 고민해야 한다. 그리고 그 고민이 부모를 내 아이의 전문가로 만든다. 그렇게 전문가가 되었다면 정립된 신념을 가지고 아이를 교육시키기만 하면 된다. 그때는 다른 누군가가 어떤 말을 하든 전혀 흔들리지 않을 것이다.

9살 아이 : 훈련은 YES, 가르침은 NO

이 시기의 아이는 정답에 익숙하기보다는 '왜 그럴까?' 하면서 생각해보는 것이 중요하다. 유소년 축구에 '축구를 즐기고 훈련은 시키되 가르치지는 마라'라는 말이 있다. 이 말은, 몸으로 익힐 수 있는 것은 훈련을 시키되 전술같이 생각이 필요한 것은 가르치지 말라는 뜻이다. 경기가 시작되면 아이는 상황에 따라 내가 어떻게 움직여야 할지를 스스로 생각할 수 있어야 한다. 하지만 현실은 다르다. 경기 중에 코치는 쉴 새 없이 소리를 지른다. 그러면 아이는 코치의 지시에 따라 움직일 뿐 생각하지 않는다. 즉, 한 명의 축구 선수가 아닌, 코치의 아바타가 된다.

요즘 부모를 보면 아이에게 너무 많이 관여한다. 부끄럽지만 나도 마찬가지이다. 아이에게 경험을 전수한다는 명목하에 너무 많이 관여한다. 분명한 것은 그러한 행동이 결코 경험의 전수가 아니란 점이다. 부모가 자신의 급한 성격을 그대로 드러내는 것뿐이다. 그러다 보면 아이는 자신의 생각이 아니라 부모의 생각에 맞추려고만 한다. 즉, 생각을 멈춘다. 마치 유소년 축구에서 아이들이 경기에 집중하지 못한 채 멍하니 코치만 바라보고 있는 것과 같다.

이 책에서 나는 아이를 '자녀'라고 표현하지 않고 '아이'라고 표현했다. 부모가 아이를 나의 '자녀'가 아닌 한 사람의 '아이'로 인식하길 원하는 바람에서이다. 부모는 나의 아이를 한 명의 온전한 인격체로 인정해주어야 한다. 아이에게 생각할 수 있는 기회를 주어야 한다. 부모는 아이가 인생을 잘 살아갈 수 있도록 준비시키는 역할을 해야지, 결코 아이의 인생을 같이 사는 것이 아니다. 어차피 인생은 하루 앞을 내다볼 수 없다. 그러므로 최대한 빨리 아이가 스스로 사는 방법을 깨우치도록 돕는 것이 중요하다.

그럼 어떻게 해야 아이를 온전히 키울 수 있을까? 아이에게 인생의 훈련은 시키되 가르쳐서는 안 된다. 즉, 아이가 먼저 지금 시기에 필요한 것을 익힐 수 있도록 도와야 한다. 축구를 예로 들면, 기초체력과 신체균형을 위한 줄넘기, 볼을 잘 다루기 위한 리프팅, 드리블 훈련 등이다. 아이가 축구 선수가 되기 위해 반드시 익혀야 하는 것이다. 그러한 것들은 꾸준히 훈련해야 한다. 하기 싫어도 해야 한다.

홈스쿨링에서 보면 가정교육이다. 가정교육은 기본적인 학습뿐만 아니라 예의범절 등 아이가 한 명의 사회 구성원으로서 알아야 할 것들이다. 축구 선수가 되기 위해 훈련을 받아야 하는 것처럼 우리 사는 이 세상에서 살아가기 위해서는 사는 법을 배워야 한다.

그렇다면 가르치지 말아야 할 것은 무엇인가? 유소년 축구를 예로 들면, 경기장에서 코치가 선수에게 소리치지 말아야 한다. 선수가 온전히 훈련을 소화했다면 이제 코치는 선수를 믿어야 한다. 코치가 보기에 엉뚱한 자리에 있더라도, 훈련한 대로 드리블을 치지 않더라도 경기가 끝날 때까지 기다려야 한다. 골을 먹어도 상관없다. 지더라도 상관없다. 그저 선수가 그 시간을 잘 보내고, 깨달음이 있으면 된다. 하지만 코치는 기다리지 않는다. 소리를 높인다. 아이는 코치 쪽을 바라보느라 상대 선수도, 공도 보지 못한 채 멍하니 서 있다. 그렇게 되면 아이는 경기를 통해 깨달을 수 없다. 스스로 어떻게 행동해야 할지 상황을 겪고 깨달아야 하는데 코치의 지시를 듣느라 그 기회를 박탈당한다.

그렇다면 아이의 인생에서는 어떻게 적용할 수 있을까? 집이 아닌 밖은 모두 경기장이라고 생각하면 된다. 아이가 밖에서 지내는 것이 경기인 셈이다. 아이는 집에서 배운 대로 밖에서 자신의 판단하에 경기에 임한다. 그곳에서 아이가 스스로 깨닫는다. 그러므로 아이가 세상을 사는데 있어 일일이 간섭하거나 가르쳐서는 안 된다. 아이 스스로 사는 방법을 깨우쳐야 한다. 만약 부모 입장에서 생각할 때 아이에게 문제가 있어

간섭해야 한다면, 그때는 제안을 해야 한다. 아이가 지금 시기에 무엇을 해야 하는지에 대해서 온전히 설명을 한 다음 제안을 해야 한다. 그 제안에 있어 강요하거나 바라는 것을 요구해서는 안 된다. 그 제안을 받아들이거나 받아들이지 않는 것은 아이의 몫이다. 혹시 아이가 말을 듣지 않다가 문제를 통해 아픔을 겪게 되면 그때 '아차'할 것이다. 그리고 다시는 그렇게 행동하지 않을 것이다. 왜냐하면 스스로 깨달았기 때문이다. 하지만 부모의 지시로 문제를 벗어났다면 깨달은 것이 없기 때문에 다시 비슷한 문제가 생겼을 때 부모를 바라보게 된다. 그리고 부모가 제대로 말해주지 못하면 아이는 부모를 원망한다. 그러므로 아이에게 스스로 깨달을 기회를 주어야 한다. 아이 인생의 주인공은 아이이다. 그러므로 부모의 역할은 훈련까지이다. 결코 부모가 인생을 대신 살아줄 수는 없다.

10살 아이 : 홈스쿨링 시작!

초등학교 3학년. 홈스쿨링을 시작하는 시기이다. 이 시기부터는 하기 싫어도 학습을 시작해야 한다. 그래야 아이와 부모가 원하는 수준의 학습결과를 얻을 수 있다. 하지만 그렇다고 공부만 해야 하는 것은 아니다. 과도한 학습은 아이를 지치게 하고 학습의지를 꺾는다. 공부도 하고 놀기도 하되 과거에 비해 선별적으로 해야 한다. 이제는 시간이 여유롭지 않기 때문이다. 한마디로 선택과 집중을 해야 한다.

그동안 공부하지 못한 갈증이었을까? 학습이 시작되면 놀라운 학습욕구를 가지고 공부하는 아이들이 더러 있다. 그런 아이를 보면 부모는 뿌듯하다. 내심 '공부에 재능이 있는 건 아닌가?' 하는 생각이 들지도 모른다. 하지만 그 모습에 절대 큰 의미를 부여해서는 안 된다. 부모가 학습욕구에 큰 의미를 두면 아이도 안다. 결국 아이는 없던 학습욕구까지 끌어모아 학습을 한다. 부모가 좋아하는 반응을 보였기 때문이다. 그렇게 되면 일시적으로 좋은 결과가 난다. 기분이 좋아진 부모는 또다시 더 큰 반응을 보이게 된다. 그런 반응을 통해 아이는 한동안 지치지도 않고 달려갈지도 모른다. 하지만 마라톤에서 몇백 미터를 빠르게 뛰는 것은 결코 의미가 없다. 아이는 얼마 지나지 않아 멈추고 만다.

그러므로 칭찬도 조심해야 한다. 잘못하면 부모의 칭찬이 아이를 지치게 만들 수도 있다. 마라톤에서 주변 관중의 환호에 흥분해 오버페이스하는 것과 비슷하다. 그러므로 아이가 잘할 때도 아이에게 물어야 한다. 그리고 언제든지 힘들면 잠깐 멈춰도 된다고 말해주어야 한다. 그렇지 않으면 아이는 부모의 칭찬을 듣기 위해 몸이 다 망가질 때까지 마라톤을 멈추지 못한다.

11살 이상 : 아이가 맘껏 날도록 하라

피아제의 인지발달이론에 의하면 11살 이상부터는 '형식적 조작기'이다. 이때부터 아이는 관찰할 수 없는 추상적인 개념에 대해서도 이해할 수 있다. 또한 이에 대해서도 체계적이고 논리적인 생각을 할 수 있다. 즉, 이 시기의 아이는 무엇이든 받아들일 준비가 되어 있다. 어떻게 보면 아이는 이제 부모와 비슷한 수준의 사고를 할 만한 틀을 갖추게 되었다. 그러므로 사춘기처럼 예민한 시기에는 부모와 갈등을 겪을 수밖에 없다. 그러므로 이때부터는 부모가 아이를 보호자로서 대하는 것이 아니라 하나의 온전한 인격체로서 대하는 연습이 필요하다.

11살 아이 : 초4병

초등학교 시절에서 가장 중요한 시기이다. 몇 년 전만 해도, 4살 때 발현되기 시작한 영재성이 지속될 것인지 여부가 정해지는 시기 정도로만 알려져 있었다. 하지만 '초4병'이 유행하면서 지금은 초등학교 시절에서 가장 중요한 시기로 여겨진다. 세계적으로 유래가 없는 초4병의 원인으로 많은 전문가들은 부모를 지목한다. 억울하다. 부모만을 지목하는 것은 문제가 있다고 생각한다. 우리나라의 교육 환경과 사회 분위기도 한몫하는데 부모만의 문제로 치부해서는 안 된다.

아이가 4학년이 되면 미숙한 느낌보다는 이제 제법 성숙한 느낌이 든다. 그러다 보니 자연스레 부모는 아이에게 많은 요구를 하게 된다. 주위를 둘러봐도 4학년부터는 학습량을 급격히 늘리기 시작한다. 본격적으로 입시 전쟁에 나선 느낌이다. 학원에서는 4학년을 학습 시작의 마지노선이라고 한다. 초등 교과과정을 봐도 4학년부터 슬슬 공부가 어려워진다. 아이는 갑작스런 부모의 태도 변화와 학습환경의 변화에 당혹스럽다. 호기심이 줄게 되니 공부는 더 하기 싫고 의욕도 없다. 마치 슬럼프에 빠진 듯 보인다. 게다가 또래의식이 강해지니 친구와 어울리는 일이 부쩍 많아진다. 그 결과 아이는 4학년 때부터 성적이 떨어진다. 당연하다. 하기 싫은데 성적이 오를 리가 없다. 부모는 아이의 변화에 위기를 느끼고 더 예민하게 대응한다. 결국 부모와 마찰이 일어난다.

이러한 초4병은 평범한 아이뿐만 아니라 어떤 분야에 재능이 있는 아이에게도 타격을 줄 수 있다. 아이들을 지켜보면 대략 10명 중 1명 정도는 타고난 독서광이다. 그런데 특정 시기가 되면 그들 중 일부는 더 이상 독서를 하지 않는다. 그 시기가 바로 4학년 즈음이다. 호기심이 사라지니 책에 대한 관심이 줄어든 것이다. 이처럼 어떤 분야에 재능이 있는 아이도 이 시기에 이르면 자기가 늘 해오던 즐거운 일에 회의감을 느낄 수 있다.

그럼 어떻게 해야 할까? 부모는 그 과정을 자연스러운 성장통으로 이해해야 한다. 그리고 아이와의 감정싸움을 피해야 한다. 쓸데없는 감정싸움으로 아이가 방 안에 틀어박혀 스마트폰이나 만지작거리면서 시간을 보내게 해서는 안 된다. 오히려 이 시간을 기회로 삼아 아이가 원하는 것이 무엇인지 알아야 한다. '내 아이가 지금까지는 이런 걸 원하는 줄 알았는데, 지금 이러는 걸 보니 아닐 수도 있겠구나.' 아이가 이전과는 다른 방향을 원할 수 있다는 것을 깨닫고 이전과는 다른 경험을 할 수 있도록 도와야 한다. 또한 또래의식이 강해지는 시기이기 때문에 친구와 함께할 수 있는 시간을 충분히 주어야 한다. 그렇게 때로는 혼자서, 때로는 친구와 함께, 때로는 부모와 함께 즐거운 시간을 보내다 보면 아이는 초4병에서 쉽게 빠져나올 수 있다.

12살 아이 : 이제는 공부를 해야 할 때

초등학교 5학년이 되면 아이도, 부모도 공부에 대해 심각하게 생각해 본다. 부모가 공부를 강요하지 않아도 아이는 공부를 해야 한다는 사실을 안다. 왜냐하면 주위의 친구들 중에 슬슬 중학교 입시를 준비하는 아이들이 생기기 때문이다.

홈스쿨링도 마찬가지이다. 이제는 공부를 해야 한다. 아이는 2년 동안 홈스쿨링에 완벽히 적응이 되었다. 그러므로 이제 더 이상 연습이 아니라 실전으로 나아가야 한다. 즉, 마라톤을 시작하는 것이다. 12살이 되면 홈스쿨링 커리큘럼으로 6학년 과정과 중학교 1학년 1학기 과정을 소화한다. 이제부터는 1년 이상 진도가 빠르고, 점점 더 학습내용이 어려워지기 때문에 학습에 집중을 해야만 앞으로 나아갈 수 있다. 그러므로 이제는 진짜 공부를 해야 한다. 지난 2년의 홈스쿨링 경험을 통해 나만의 학습방법을 가지고 뛰어야 한다.

13살 아이 : 처음 겪을 시련을 앞두고

중학교 입시를 준비한다면 고3처럼 학습해야 하는 시기이지만 홈스쿨링은 중학교 입시를 준비하지 않기 때문에 특별한 변화 없이 해왔던 대로 학습을 이어가면 된다. 동시에 앞으로의 6년에 대해 진지하게 생각해볼 필요가 있는 시기이다. 왜냐하면 학창시절을 12년으로 볼 때 벌써 절반 가까이를 달려왔기 때문이다. 그러므로 아이에게 이제 미래에 대해 스스로 진지한 고민을 해야 한다는 것을 알려주어야 한다.

그렇다고 해서 그 시간을 심각하게 보낼 필요는 없다. 초등학교의 마지막이기 때문에 좋은 추억을 쌓는 것도 중요하다. 중학생이 되면 부모 입장에서도 마음이 급해지기 때문에 가족여행같이 함께 지낼 수 있는 시간을 만들기 힘들다. 그러므로 가족 간에 시간을 가져야 한다. 중학교 1학년이 되면 아이는 처음으로 큰 시련을 겪을 수 있다. 그때 가족과의 관계가 온전하지 못하다면 아이는 더 큰 부침을 겪을 수밖에 없다. 그러므로 이 시기를 통해 가족 간의 사랑을 확인하고 아이가 부모의 사랑을 충분히 느낄 수 있도록 해야 한다. 그래야 힘들 때 부모에게 도움을 요청할 수 있다.

14살 아이 : 낯선 환경, 낯선 느낌

학교에 다니는 아이들은 지금이 가장 힘든 시기이다. 중학교에 입학했기 때문이다. 아이는 초등학교와 전혀 다른 분위기에 어찌할 바를 몰라 헤맨다. 아이는 새로운 환경에 적응하느라 진이 다 빠진다. 원하지도 않는 서열경쟁에 들어가 끊임없이 전쟁을 벌여야 한다. 이때 친구들과의 관계가 급격히 악화되기도 하고, 성적이 떨어지기도 한다. 아이는 겉으로 아무 문제가 없어 보이지만, 알게 모르게 많은 스트레스를 받고 있다. 그러므로 부모는 이때 아이를 더욱 감싸주어야 한다. 누구나 겪는 거니까 하며 대수롭지 않게 생각하면 안 된다. 혹여나 있을지 모르는 아이의 신호를 무시하지 않도록 늘 신경을 써야 한다.

홈스쿨링을 하는 아이는 중학교 과정을 마치는 시기이다. 홈스쿨링을 하는 아이도 종교 활동이나 클럽 활동 등을 하기 때문에 학년이 올라가면서 끊임없이 새로운 환경과 아이들을 만나며 서열경쟁을 한다.

하지만 종교 활동이나 클럽 활동 등은 같은 목표를 가진 모임이기 때문에 학교에서처럼 불특정 다수와의 치열한 서열경쟁을 하진 않는다. 그렇기 때문에 별문제 없이 자연스럽게 지나갈 수 있다.

15살 아이 : 다른 사람이 된 아이, 중2병

일반적으로 중학교 2학년이 되면 아이는 부정적이 된다. 부모에 대해서도 그리고 학교에 대해서도, 그를 넘어 사회에 대해서도 불평불만을 갖는다. 부모는 민감한 시기인 것을 알고 최대한 분위기를 맞춰주려고 한다. 하지만 그 노력은 금세 물거품이 된다. 왜냐하면 아이의 변화는 부모가 감당할 수 있는 수준을 넘어서기 때문이다. 그제야 부모는 왜 '중2병'이라 불리는지 이해하게 된다.

학교에 다니는 아이는 성적과 친구관계 등의 문제로 시도 때도 없이 불평불만을 터뜨린다. 이는 홈스쿨링을 하는 아이도 마찬가지이다. 홈스쿨링을 한다고 해서 중2병이 오지 않는 것은 아니다. 더군다나 홈스쿨링은 어쩔 수 없이 아이와 부모가 함께 있는 시간이 많을 수밖에 없다. 그렇기 때문에 부모와의 관계에서 더 많은 마찰을 빚을 수 있다. 그렇다고 홈스쿨링을 하는 아이가 더 많은 스트레스를 받는다는 뜻은 아니다. 왜냐하면 이 시기의 아이는 학교에서 어마어마한 스트레스를 받기 때문이다. 아마도 그 스트레스 때문에 아이는 집에서 부모에게 스트레스를 푸는지도 모른다.

이 시기 학교에서는 소위 말하는 '서열'이 정해진다. 중학교 입학할 때의 서열경쟁은 장난이었다. 아이의 성적이나 힘 그리고 외모나 돈에

의해 서열이 새롭게 정해진다. 이런 서열은 언제든지, 심지어 초등학교 저학년 때도 생기는 현상이지만 이 시기에는 더욱 뚜렷하게 드러나는 게 문제다. 매사에 불평불만이 끓어오르는 시기이기 때문에 서열을 통해 스트레스를 푸는 것이다. 즉, 스트레스를 자신보다 낮은 서열에게 푼다. 아이는 때로는 서열의 가해자로, 때로는 서열의 피해자로 줄다리기를 한다. 그 결과 아이가 받는 스트레스는 극에 달한다.

홈스쿨링에서는 서열이 존재할 수가 없다. 그렇기 때문에 아이의 기본적인 불평불만만 관리할 수 있으면 된다. 그동안은 아이와의 간격을 좁히는 데 중점을 두었지만 이 시기에는 반대다. 부모는 아이와의 거리에서 간격을 넓힐 필요가 있다. 아이는 고독하고 치열한 전투를 벌이고 있다. 이때 아이에게 잘못된 방법으로 다가선다면 아이는 부모를 적으로 인식할 수도 있다. 그러므로 거리를 둔 채 아이를 믿고 기다리면 된다. 그렇게 하면 아이는 치열한 전투를 마치고, 즉 그 시기를 스스로 잘 극복하고 돌아올 것이다.

16살 아이 : 새로운 전쟁의 시작

이 시기의 부모는 아이를 대하는 게 조금 편해졌다고들 한다. 중2병이 끝난 것이다. 아이의 표정에서도 제법 여유가 묻어난다. 심지어 넉살 맞아 보이기도 한다. 아이는 과거를 회상하며 스스로도 자신이 성장했음을 안다. 고등학교 입시만 없다면 아이를 교육하기 좋은 시기라는 생각이 든다. 한창 철이 들기 때문이다.

하지만 아이는 또다시 전쟁을 준비해야 한다. 중학교 1, 2학년 때 많이 휘청거렸다면 발등에 떨어진 불마냥 마음이 급한 시기이다. 아이는 공부하란 소리를 하지 않아도 공부를 한다. 하지만 이때 아이가 공부한 성과를 얻기 위해서는 자기주도학습이 온전히 이루어져야 한다. 자신의 상태를 온전히 분석하고, 부족한 부분을 채우고, 일정에 맞춰 진도를 짜야 한다. 그리고 하루하루 한 걸음씩 나아가야 한다.

이 시기에 성과를 내기 위해서는 부모의 도움이 절실하다. 물론 자기주도학습이 되는 아이면 상관없다. 하지만 아이도 자기주도학습이 되지 않고, 부모도 도와줄 수 없다면 방법은 성실한 과외 교사를 구하는 수밖에 없다. 이는 분명 극약처방이다. 단기간에 성과를 얻을 수는 있겠지만, 분명 정답은 아니다.

홈스쿨링을 하는 아이에게는 고등학교 과정을 마치는 시기이다. 자기주도학습의 결과로 아이는 4개월의 긴 시간을 선물로 받는다. 그 시간을 통해 앞으로 있을 3년을 스케줄링한다. 부모는 그 과정에 동참하지만 최대한 아이를 믿어야 한다. 그리고 아이가 온전한 결정을 하도록 도와주면 된다.

17살 아이 : 한 명의 온전한 인격체로 대우하라

이제 아이는 부모와 별 차이가 없다. 오히려 지식이나 신체적인 부분은 부모를 앞선다. 그러므로 부모는 경험이라는 무기를 통해 아이를 다루어야 한다. 하지만 지식이 앞선 아이는 그 경험마저 지식으로 대응하려고 할 수 있다. 그러므로 이제부터는 아이와 부모는 동등한 관계에서 서로를 존중하는 방법을 배워야 한다. 하지만 서로를 존중하기 위해서는 지난 과거의 시간이 중요하다. 만약 어린 시절 부모가 아이를 무엇으로든 강제했다면, 이제는 오히려 그 반대 상황이 발생할 수도 있다. 그러므로 과거가 중요하다. 하지만 과거는 바꿀 수 없다. 그러므로 아이가 어릴 때부터 온전하게 교육하는 게 중요하다.

아이가 고등학교 1학년이 되면 중학교 1학년 때와 비슷한 경험을 한다. 하지만 다른 아이들 역시 성숙하였기 때문에 중학교 1학년 때보다는 수월하게 지낼 수 있다. 아이는 다른 문제보다 코앞에 놓인 대학입시 문제를 해결하기 위해 마음부터 급해지는 시기이다. 그렇다고 서둘러 무언가를 할 것이 아니라 고등학교 3학년까지의 계획을 먼저 세우는 것이 중요하다.

홈스쿨링을 하는 아이는 지난 4개월의 시간을 통해 3년을 스케줄링했다. 그대로 실행하면 된다. 만약 대학입시를 준비하기로 했다면 수학은 중학교 과정부터 다시 풀어보는 시간을 가지는 게 좋다. 이미 고등학교 과정까지 마친 상태이지만 기초를 더 충실히 다지는 의미에서 다시 풀어본다. 또한 대학수학능력시험을 대비해서 한 달에 1번 정도는 시험 시간에 맞춰 오랜 시간 동안 공부하는 경험도 필요하다.

18살 아이 : 시간을 소중히

그저 하루하루를 성실히 살아가야 하는 시기이다. 어떤 아이는 숨도 쉬지 못할 정도로 급박하다고 느낄 수도 있고, 어떤 아이는 생각보다 여유로운 마음에 게을러질지도 모른다. 그렇기 때문에 아직 기회가 남아 있다. 이제는 뛰는 게 익숙해졌다. 숨이 차는 시기를 넘어, 어떻게 보면 아무런 생각 없이 뛰어야 하는 시기이다. 그러므로 이 시기에는 매일매일 목표한 학습량을 채우는 데 집중해야 한다. 오늘 힘들다고 하루를 쉬면, 바로 내일이 아닌 내년이 힘들어진다는 사실을 기억해야 한다. 결승선 앞에서 지난 시간의 불성실함을 탓해봤자 아무 소용없다. 그러므로 묵묵히 하루를 살아가는 아이가 승리한다.

홈스쿨링을 하는 아이도 마찬가지이다. 스케줄링한 대로 묵묵히 하루를 살아야 한다. 또한 학습 일정에 기출 문제를 넣어서 그 결과에 따라 학업 스케줄을 다시 짤 필요가 있다. 그러한 과정이 때로는 지루한 시간에 활력이 될 수도 있기 때문에 반드시 필요하다.

19살 아이 : 스스로 공부하는 시기

이 시기는 어쩔 수 없이 공부하지 말라고 해도 공부를 하는 시기이다. 스스로 위기에 몰렸다고 생각하기 때문이다. 그러므로 부모는 아이가 오버페이스하지 않고 완주할 수 있게 도와야 한다. 오버페이스할 경우 번아웃증후군을 겪을 수도 있고, 막판에 지쳐서 실력대로 시험을 치르지 못할 수도 있다. 그러므로 계획에 맞춰 충실하게 하루하루를 살아야 한다. 또한 체력적으로 힘든 시기이기 때문에 보완을 해주어야 한다.

홈스쿨링을 하는 아이도 이제는 일반 아이들과 큰 차이 없이 학습을 해야 한다. 또한 일주일에 1번씩은 시험 시간에 맞춰 학습함으로써 시험에 잘 대비해야 한다.

교내상 수상 내역의 실태

한번은 한 고등학생 아이의 학교생활기록부를 보고 깜짝 놀란 적이 있다. 아이의 학교생활기록부에는 수십 개의 수상 내역이 있었다. 순간적으로 '이 아이가 내가 알던 아이가 아닌가?' 하면서 놀랐다. 하지만 다른 아이의 학교생활기록부를 보고 깨달았다. 다른 아이의 학교생활기록부에도 마찬가지로 수십 개의 수상 내역이 있었다. 그리고 그 상들이 대부분 학교에서 주는 교내상이라는 것을 알았다.

얼마 지나지 않아 기사를 통해 학교당 1년에 평균 1천 개의 교내상을 남발하고, 많게는 2천 개의 교내상을 주는 학교도 있다는 사실을 알았다. 수시가 워낙 다양해지다 보니 학교에서 아이들이 조금이라도 더 나은 점수를 받을 수 있도록 배려한 것이 이러한 결과로 나타난 것이다. 배려한다고 했지만 아이들은 그 상을 받기 위해 없는 시간을 쪼개 힘들게 준비한다.

그렇다면 대학은 이런 교내상 수상 내역을 인정할까? 이러한 실태를 누구보다 잘 아는 그들이 이에 큰 의미를 둘지 의문이 생길 수밖에 없다. 그런데도 학교는 그러한 상을 만들어서 아이들로 하여금 공부 외에 또 다른 부담만 안기고 있다. 실제 아무런 도움도 되지 않는 것을, 부모와 아이들은 도움이 될지 모른다는 생각에 애타게 노력한다. 이것이 아이에게 얼마나 낭비인가? 그 시간에 아이가 하고 싶은 일을 했다면 얼마나 성장했을까? 안타까운 마음이 들었다.

6

/

<u>과목별
학습방법</u>

홈스쿨링은 학습법이 다르다.
그를 통해 아이는 학습에 대한
부담감을 내려놓을 수 있다.

홈스쿨링 학습법

홈스쿨링을 할 때 가장 큰 걱정은 학습에 대한 것이다. 그 많은 과목을 어떻게 가르칠까 고민하다 보면 지칠 수밖에 없다. 사실 홈스쿨링이라고 해서 새로운 것을 배우진 않는다. 많은 부분에 있어 학교에서의 학습과 다르지 않다. 그렇다고 해서 모두 같은 것은 아니다.

학교의 학습은 정해진 양을 소화하기 위해 아이를 쉴 새 없이 뛰게 하지만, 홈스쿨링 학습은 좀 더 여유 있게 뛰기를 추구한다. 그것이 가능한 이유는, 홈스쿨링은 학교에서 배우는 과목 중 일부만 공부하기 때문이다. 사실 학교에서 배우는 일부 과목은 따로 공부하지 않아도 독서나 삶의 경험을 통해 자연스레 익힐 수 있다. 홈스쿨링에서는 그런 과목을 학습 과목에서 과감하게 빼버린다. 그렇기 때문에 아이의 학습량이 줄어든다. 또한 아이가 각 과목을 접하는 방식에서도 분명한 차이를 가진다. 즉, 학습법이 다르다. 그를 통해 아이는 학습에 대한 부담감을 내려놓을 수 있다.

국어 학습법

가장 좋은 국어 학습법은 독서와 일기이다. 독서를 통해 기본을 익히고, 일기를 통해 표현한다면 아이는 더 이상 할 것이 없다. 그저 한 학기에 문제집 1권 정도만 풀면서 지식을 체계적으로 정리하는 것만으로도 충분하다. 그만큼 국어에서 독서와 일기는 중요하다.

국어의 핵심, 독서

국어의 핵심은 독서이다. 사실 국어뿐 아니라 대부분의 과목을 가장 쉽게 익힐 수 있는 방법이 독서이다. 그렇기 때문에 아이가 독서를 습관화할 수 있도록 부모가 노력해야 한다. 독서가 습관이 된 아이는 사실 국어 학습에 역량을 집중시킬 필요가 없다. 몇 가지 방법으로도 국어 능력을 성장시킬 수 있기 때문이다. 만약 독서가 습관이 된 아이라면 다음 방법을 적용해보자.

첫째, 아이가 책을 읽을 때 문장을 정확히 보면서 읽도록 지도하자. 한 문장, 한 문장에 집중해서 읽으면 시간이 지나 자연스레 문장의 구조를 익힐 수 있다. 또한 맞춤법과 띄어쓰기도 익힐 수 있다. 이는 독서할 때 조금만 신경을 써서 읽으면 독서량이 일정 수준을 넘어서는 순간 자연스럽게 알게 된다. 만약 아이가 문장에 집중하기 힘들어 한다면 조금 더 독서의 즐거움을 알고 난 뒤에 시작하면 된다.

둘째, 문장을 어떻게 표현했는지를 아이가 관심 있게 지켜보도록 지도하자. 그렇게 하면 비싼 사교육을 통해 작문을 배운 아이보다 더 다양하고 깊이 있는 표현력을 배울 수 있다. '모방은 창조의 어머니'라는 아리스토텔레스의 말처럼, 표현력을 기르기 위해서는 많은 문장을 봐야 한다. 사물이나 내용을 어떻게 표현했는지 알아야 쓰고자 하는 내용을 잘 표현할 수 있다. 문장에 대한 관심만으로도 뛰어난 작문을 할 수 있다.

셋째, 아이 스스로 책의 주제에 대해 생각해보는 시간을 갖도록 지도하자. 아이가 책을 읽으며 스스로 책의 주제, 단원의 주제, 단락의 주제에 대해 생각해보는 것이다. 이 훈련이 되면 아이는 자연스럽게 책에서 말하고자 하는 바를 정확하게 알 수 있게 된다.

이처럼 독서만으로도 국어 학습이 충분하다. 그러므로 먼저 아이가 독서에 흥미를 갖도록 도와주어야 한다.

표현력의 대가, 일기

자신의 생각을 표현하는 데 있어 일기만큼 좋은 방법은 없다. 하지만 일기에 대해 누구도 정확히 알려주지 않는다. 그러다 보니 일기를 제대로 쓸 수도 없고, 일기 쓰는 재미를 느낄 수도 없다. 일기는 그저 아이에게 귀찮은 숙제일 뿐이다. 아이들은 일기를 쓰기 싫다. 아이들의 영원한 숙제가 되어버린 일기, 어떻게 쓰는 게 맞을까?

일기란 무엇인가

일기는 하루의 기록이다. 하지만 그 기록은 결코 하루에 무엇을 했는지만을 적는 것이 아니다. 만약 하루에 기록을 적었다고 치자. 그걸 나중에 봐서 무엇할 것인가? 일기를 쓰기 위해서는 먼저 일기를 쓰는 목적을 알아야 한다. 일기는 하루 동안 있었던 일을 기억해보며 그 가운데 중요한 일들을 마음에 담는 것이다. 마음에 담는 이유는 그 과정이 성장의 밑거름이기 때문이다. 하루 동안 있었던 일을 그냥 넘겨버리는 만큼 안타까운 일은 없다. 경험이 양약이 되지 못하고 버려진다는 게 얼마나 안타까운가? 그렇기 때문에 일기를 쓴다. 혹자는 적을 필요 없이 기억만 하면 된다고 하지만 인간의 기억은 그렇게 오래가지 않는다. 그러므로 일기를 쓰는 과정을 통해 생각을 되새겨 더 오래 기억할 수 있도록 해야 한다.

일기를 어떻게 써야 할까?

일기의 형식과 내용을 알아보자. 냉정하게 말하면 우리는 일기를 써 본 적이 없다. 우리가 그동안 방학마다 썼던 것들은 사실 일기가 아니라 일지이다. 왜냐하면 학교에서 일지 쓰는 법만 배웠기 때문이다. 일기는 결코 일지가 아니다. 하루 일과를 일일이 나열하는 것만으로는 큰 도움이 못 된다. 기실 일기는 형식이 없다. 마음대로 쓰면 된다. 자유롭게 시를 써도 되고, 수필을 써도 된다. 그림을 그려도 되고, 노래 가사로 적어도 된다. 중요한 건 오늘 내가 깨달은 내용, 오늘 받은 느낌에 대해 표현하는 것이다.

만약 무엇을 써도 된다는 말에 시도 쓰고, 수필도 쓰고, 가사도 쓰면 좋지만 아이에 따라 그것마저도 힘들어하는 경우가 있다. 그때는 하루 동안 깨닫거나 느낀 점을 한줄평으로 적으면 된다. 그렇게 하면 아이는 부담을 느끼지 않는다. 글 쓰는 것에 부담을 느끼면 아이는 커서도 글 쓰는 것에 부담을 가지게 된다. 그러므로 아이가 마음껏 자유롭게 글을 쓸 수 있게 하는 것이 중요하다.

아이가 일기를 쓰면 부모는 왜 그렇게 썼는지 이유를 물어봐야 한다. 단, 아이의 대답에 잔소리를 줄이고 그저 공감해야 한다. 그렇게 일기를 쓰다 보면 아이는 일기를 점점 더 다양하게 쓰게 된다. 관심 갖는 것이 많아지면 나중에는 느낌을 통해 소설까지 집필하게 될지 모른다. 글을 쓰는 것은 생각을 정리할 수 있다는 것이고, 그를 통해 이야기를 할 수 있다는 것을 의미한다. 그러므로 일기에 익숙해지면 아이는 매우 높은 수준의 국어 실력을 갖추게 된다.

국어 말하기와 토론

국어 말하기란 독서한 책의 내용을 입으로 말하는 것이다. 말하기는 중요하다. 아이는 말을 하기 위해 머릿속에서 생각을 수없이 정리해야 한다. 그래야만 말하기가 가능하다. 그렇게 처음에는 책의 내용을, 다음에는 책의 주제를 그리고 마지막에는 자신의 생각을 말할 수 있다면 국어 말하기를 제대로 하는 것이다.

국어 말하기가 익숙해지면 토론으로 넘어갈 수 있다. 부모와 함께 책에 대해 생각해본다. 소위 독서 토론이라고 말하기도 하지만 그렇게 이름을 붙이면 아이도, 부모도 부담스럽다. 그저 읽은 책에 대해 생각해보는 시간 정도로 생각하면 좋다.

독서 토론은 생각의 폭을 넓히고, 자신의 생각을 표현하는 데 있어 탁월한 방법이다. 유대인의 뛰어난 능력을 독서 토론에서 찾는 사람도 있을 정도이다. 그러므로 아이에게 자연스럽게 독서 토론 능력이 뿌리내릴 수 있도록 해야 한다. 책의 주제에 대해 아이와 부모가 어떻게 생각을 하는지, 혹시 생각의 차이가 있다면 그게 무엇인지를 대화로 나눈다. 아이는 그를 통해 자신의 생각에 대해 진지하게 정리해보는 경험을 하게 된다. 그리고 그 과정을 통해 아이는 생각을 정리하고 표현하는 기술을 익히게 된다.

독서 토론을 할 때 주의해야 할 점은 부모가 이기려고 하지 않는 것이다. 아이와 독서 토론을 해보면 누가 봐도 맞는 내용인데 아이가 우길 때가 있다. 그때 답답한 마음에 "이건 이거야!"라며 윽박지르듯 결론을 내버릴 수 있다. 부모는 아이에게 옳은 생각을 심어주고자 그렇게 한다. 하지만 부모의 말이 옳든 그르든 상관없이, 그 순간 아이의 생각은 좁아진다. 그러므로 부모는 넓은 마음으로 아이를 받아줄 수 있어야 한다.

또는 주제가 어려울 경우 아이에게 별다른 생각이 없을 수 있다. 이때 급한 마음에 부모는 자신의 생각을 아이에게 심어준다. 아이에게 생각할 시간을 주지 않는다. 이렇게 하면 마찬가지로 아이의 생각은 좁아진다. 그러므로 먼저 아이에게 생각할 시간을 충분히 주어야 한다. 만약 부모에게 시간적인 여유가 없다면 혼자서 할 수 있도록 도와주어야 한다. 아이가 의견을 제시하고, 아이가 그 의견에 대한 반론을 제시하는 방법이다. 때로는 이 방법이 함께하는 토론보다 더욱 생각의 폭을 넓힐 수도 있다.

일기에 대한 궁금증

한글을 어느 정도 뗀 상태에서 일기를 쓰나요?

아이가 한글을 다 떼기는 쉽지 않다. 부모 중에도 맞춤법이나 띄어쓰기가 엉망인 경우도 많다. 일기는 아이가 자신의 생각을 글로 표현할 수만 있으면 쓸 수 있다. 맞춤법과 띄어쓰기의 정확성은 전혀 중요하지 않다. 이는 독서를 통해 천천히 배워나가면 된다. 일기에서 중요한 것은 표현력이다. 왜냐하면 일기는 자신이 느낀 감정을 글로 표현하는 것이기 때문이다. 일반적으로 모국어가 완성되는 시기인 3학년이 되면 아이는 스트레스를 받지 않고도 일기를 쓸 수 있다. 하지만 이는 일반적인 경우이고, 독서가 습관화된 아이라면 더 어릴 때도 충분히 쓸 수 있다.

매일 일기를 써야 하나요?

일기를 매일 쓸 수 있다면 당연히 좋다. 축구에서 드리블 연습을 매일 하면 실력이 느는 것이 눈으로 보이듯, 글도 쓰면 쓸수록 작문 실력이 늘기 때문이다. 하지만 일기를 일주일에 몇 번 쓰는지보다 일기를 통해 얼마나 자신의 감정을 잘 표현했는지가 더 중요하다. 횟수는 아이가 할 수 있는 수준에서 정하면 된다.

영어 학습법

영어는 급하지 않아야 한다. 영어는 언어이다. 영어를 급하게 들이밀면 시간이 지나 또다시 시작해야 하며 그 결과 영어에 진저리가 날 수도 있다. 많은 이들이 초등학교부터 대학교까지 수많은 시간 동안 영어 공부를 했다. 하지만 아직 '왕초보' 딱지를 떼지 못하고 있다. 심지어 지금 이 순간에도 여러 전문가들의 방법에 따라 영어 공부를 한다. 나 역시도 몇 가지 방법으로 영어 공부를 해보았다. 하지만 늘 뭔가 부족하였다. 또한 이러한 방법들은 홈스쿨링을 하는 아이에게 적용하기도 쉽지 않았다.

현재 영어 교육의 문제점은, 영어를 언어가 아닌 학습으로만 인식한 채 가르친다는 점이다. 언어를 배우기 위해서는 시간이 필요하다. 아이가 태어나고 수년이 지나야 말을 할 수 있듯이 영어도 마찬가지이다. 그럼에도 불구하고 우리는 영어를 배울 때 빨리 배우길 원한다. 그래서 아직 필요하지도 않은 공부를 먼저 시작한다. 영어에 익숙해지기도 전에 단어를 익히고 문법을 배운다. 그렇게 해야 영어를 배우는 느낌이 들기 때문이다. 하지만 그렇게 하면 얼마 지나지 않아 지쳐버린다. 그러므로 영어를 제대로 가르치기 위해서는 아이가 오랫동안 학습을 지속할 수 있는 방법을 찾아야 한다. 즉, 아이의 학습 부담을 최대한 줄여주어야 한다.

언제부터 영어 학습을 해야 하는가?

초등학교 2학년까지는 영어 공부를 하지 않는 것이 좋다. 아이의 모국어 능력이 완성되는 시기이기 때문이다. 언어는 사고력과 밀접한 관계를 가진다. 사고하는 만큼 말할 수 있는 것이 아니라 말할 수 있는 만큼 사고한다. 언어 교육에서 가장 중요한 점이다. 인간은 사고한 것을 말한다. 분명 처음에는 사고가 먼저이다. 하지만 사고한 것을 말할 수 없다면, 사고한 것보다 낮은 수준으로밖에 말하지 못한다. 그리고 나중에는 말할 수 있는 만큼만 사고하게 된다. 그러므로 영어 공부는 모국어 능력이 완성되는 3학년부터 하는 것이 좋다.

하지만 부모는 모국어를 조금 못하더라도 영어를 잘했으면 하는 마음을 가진다. 크나큰 실수이다. 사람이 사는 데 있어 사고력만큼 중요한 것이 없다. 사고력이 있어야 다른 사람의 의도를 파악하고 그에 따라 대응할 수 있다. 그렇게 중요한 사고력의 근간이 모국어이다. 그런데 당장 쓰지도 않을 영어를 위해 모국어를 포기한다면 그건 어리석은 일이다.

만약 3학년이 되기 전이라도 영어에 관심을 보인다면 영어 학습을 해도 된다. 하지만 모국어 학습도 소홀히 하면 안 된다. 아이의 사고력은 모국어로 채워지기 때문이다. 만약 영어 학습을 시작한 상태에서 모국어 학습을 등한시하면 사고력이 멈춘 상태에서 영어 실력만 늘게 된다. 그렇게 되면 영어는 또래보다 잘할지 몰라도 사고력은 또래보다 낮아진다. 그럼 모국어 대신 영어로 사고력을 자기 나이 이상 늘리면 되지 않냐고 반문할 수도 있다. 영어로 사고력을 올릴 수는 있겠지만 만약 그 정도 열정으로 모국어를 학습했다면 사고력이 3~4살 많은 아이보다 더 늘 수 있었을 것이다. 왜냐하면 우리가 늘 쓰는 말이 모국어이기 때문이다.

영어에 재능이 있는 아이도 모국어에 노력을 기울이는 것보다 영어에 노력을 기울이는 것이 더 힘들다. 당연하다. 주위 사람들이 다 모국어를 쓰기 때문이다. 그러므로 이제는 모국어의 중요성을 인식하고 그를 배우는 데 열정을 쏟아야 한다. 그러고 나서 영어에 열정을 쏟길 바란다.

어떻게 가르칠 것인가?

수많은 영어 학습법이 있지만 가장 좋은 방법은 아이가 모국어를 배울 때처럼 영어를 접하는 방법이다. 아이가 3학년이 되면 이미 모국어 능력은 최고 수준이다. 최고 수준이란, 아무리 어려운 말도 이해할 수 있다는 뜻이다. 즉, 어려운 단어를 모를 수는 있지만 모든 말을 알아듣고,

모르는 말이 있으면 질문할 수 있다. 이 정도의 모국어 실력이 있다면 영어를 공부해도 된다.

아이가 모국어를 배울 때로 돌아가보자. 처음부터 아이에게 '가나다라'를 가르친 건 아니다. 단어를 알려준 것도 아니다. 그저 아이에게 말을 해주고 책을 읽어주었다. 아이가 이해하지 못해도 정서에 좋다기에 끊임없이 반복했다. 끊임없이 사랑을 말로 표현했다. 결코 무언가를 가르치지 않았다. 이것이 바로 언어 교육의 비결이다. 단, 아이를 키울 때와 마찬가지로 시간이 걸린다. 하지만 이렇게 배우는 것이 가장 빠른 방법이다.

영어의 뿌리를 내려라 : 듣기와 읽기

영어의 핵심은 듣기와 읽기이다. 말 그대로이다. 영어를 잘하기 위해서는 많이 듣고, 많이 읽어야 한다. 그렇기 때문에 영어를 처음 시작할 때 영어 동화책처럼 아이가 흥미를 느낄 수 있는 듣기 자료를 수없이 들어야 한다. 영어 커리큘럼을 통해 아이는 오랜 시간 영어 듣기를 해야 한다. 2년 동안 영어 동화책을 듣는다. 그 과정을 통해 아이는 영어에 익숙해진다.

그렇게 듣기를 하는 동안 2년차에는 파닉스와 영어 읽기를 병행한다. 아이는 이 과정을 통해 영어를 비로소 알게 된다. 수없이 들어온 듣기 자료를 읽어가며 영어에 눈을 뜬다. 그렇게 2년차를 마치면 영어의 기초가 완성된다. 즉, 이제 영어를 공부할 준비가 되었다. 이제는 초등, 중등, 고등 과정의 문제집을 풀어도 되고, 아이가 원하면 회화 공부를 해도 된다. 영어 뉴스를 들어도 된다. 즉, 뭐든지 해도 된다.

학교에서는 2년의 기초 과정 없이 영어 단어를 외우고, 영어 문법을 배웠다. 그렇게 공부하면 말 그대로 기초가 부실한 건축물이 된다. 2년의 과정이 없는 아이가 하는 영어 공부는 엄밀하게 말해 영어를 배우는 것이 아니다. 영어를 언어로 배우는 것이 아니라 복잡한 규칙을 가진 낯선 암호를 배우는 것과 같다. 그래서 아이가 어려워한다. 그러므로 기초 과정 2년은 반드시 필요하다. 그리고 아이가 최대한 즐겁게 영어를 받아들일 수 있도록 지도해야 한다.

기초를 잡았다고 해서 읽기와 듣기를 소홀히 해선 안 된다. 오히려 그 반대이다. 이제는 자유롭게 아이가 원하는 방식으로 읽기와 듣기를 해야 한다. 수업시간은 당연하고, 그 외의 독서 시간에도 아이는 마음껏 영어를 듣고 읽을 수 있다. 즉, 영어도 독서로 편입된다.

이 모든 방법은 영어를 그저 자연스럽게 익히는 과정이다. 하지만 그러다 보면 다른 아이들보다 영어 실력이 부족해 보인다. 왜냐하면 다른 부모들이 보기에 익혀야 하는 것을 익히고 있지 않기 때문이다. 슬슬 걱정이 된다. 하지만 전혀 걱정할 필요가 없다. 아이는 지금 나무로 보면 뿌리를 내리고 있는 단계이다. 잎이 몇 개밖에 보이지 않는 것은 당연하다. 뿌리가 약한 채 잎을 만든 나무는 결코 성장하지 않는다.

영어는 반복과 시도이다

국어, 영어, 수학 중 영어처럼 단순한 과목은 없다. 영어 공부가 제일 쉽다. 왜냐하면 언어이기 때문이다. 국어는 모국어이기 때문에 문제가 어렵게 나온다. 이미 국어를 다 안다는 전제하에 문제를 내기 때문에 변별력을 가지기 위해 더 어려운 문제와 긴 지문을 사용한다. 하지만 영어는 그렇지 않다. 외국어이기 때문에 아주 어려운 문제를 내지는 않는다. 어느 정도의 실력에 오른 아이라면 충분히 만점을 맞을 수 있는 수준의 문제가 대부분이다. 즉, 시험의 긴장감으로 인해서이지 결코 문제가 너무 어려워서 만점을 받기 힘든 것은 아니다.

그렇다면 영어는 어떻게 공부해야 할까? 영어는 어떻게 보면 운동과 가장 비슷하다. 반복과 시도라는 단순한 과정을 통해 학습한다. 첫째는 반복이다. 그러므로 지치지 않아야 한다. 축구 선수가 드리블 훈련을 한다. 하지만 경기에서는 절대 그 실력이 나오지 않는다. 이상하다. 왜 드리블 훈련을 해도 드리블 실력이 나오지 않을까? 고민한다. 그러다 어떤 선수는 계속 드리블을 하고, 어떤 선수는 연습하다 중단한다. 그렇게 계속 드리블을 한 선수는 어느 날 자신도 모르게 드리블 실력이 나오는 것을 경험하게 된다. 즉, 반복훈련을 통해 자신도 모르게, 의식하지 않은 상태에서 훈련의 결과가 나온다. 영어도 마찬가지이다. 영어 공부를 하는데도 실력이 나타나지 않는다. 그래도 중단하지 않고 계속해야 한다. 결과가 나올 때까지 해야 한다. 지름길은 없다. 그러므로 영어가 자연스럽게 발현될 때까지 꾸준히 반복해야 한다.

둘째는 시도이다. 경기 중에 드리블이 한번 나왔다고 해서 드리블 횟수가 급격히 증가하는 것은 아니다. 반복훈련을 해도 드리블이 나오는 횟수는 그리 많지 않다. 왜냐하면 드리블 횟수가 급격히 증가하기 위해서는 훨씬 더 많은 반복훈련이 필요하기 때문이다. 하지만 하루 훈련할 수 있는 시간은 정해져 있으므로 무한정 반복훈련을 할 수는 없다. 그러므로 반복훈련과 동시에 생각하고 시도하는 과정이 필요하다. 예를 들어 상대선수가 오른쪽으로 수비를 하면 오른발 시저스로 한번 속여서 상대선수를 더 오른쪽으로 유인해야 한다. 그리고 왼발 아웃사이드를 통해 왼쪽으로 치고 나간다. 이와 같이 생각하고 시도를 해야 훈련 시간을 줄이면서 실력 향상을 꾀할 수 있다.

영어도 마찬가지이다. 생각하고 시도하는 과정이 필요하다. 외국 사람과 대화할 기회를 만들고, 외국 영화를 자막 없이 이해하려고 노력하며, 영어 책을 읽으며 문장이 어떻게 쓰였는지 알아야 한다. 많은 이들이 영어를 공부해도 영어가 늘지 않는다고 한다. 만약 영어 학습을 성실히 했음에도 영어가 늘지 않았다면 그것은 영어 학습이 부족해서가 아니다. 냉정하게 말하면 영어 교육방법의 문제도 아니다. 이유는 단지 영어를 사용할 일이 없기 때문이다. 왜 유학을 가면 영어가 늘까? 영어를 끊임없이 사용하기 때문이다. 그러므로 영어라는 언어에 대해 스스로 소질이 없나 보다 하고 의기소침할 필요가 없다. 언어는 사용하면 는다. 어학연수를 가서 영어를 좀 했는데 다시 돌아오면 얼마 지나지 않아 영어를 잘 못한다. 영어를 쓸 일이 없기 때문이다. 언어라는 것이 그렇다. 사용하는 만큼 잘 하게 되고, 실력을 유지하기 위해 끊임없이 노력해야 한다. 그러므로 영어 실력을 늘리고 실력을 유지하기 위해서는 이와 같이 끈임없이 반복과 시도를 해야 한다. 그렇게 한다면 영어만큼 쉬운 과목이 없다.

하루 40분만으로 영어 공부가 끝나요?

영어는 반복이고 시도이다. 그런데 커리큘럼에 보면 영어 학습시간이 초등학교 과정을 기준으로 하루 2교시, 40분밖에 없다. 과연 그 정도로 영어 실력이 늘 수 있을까? 영어 학습은 국어 학습과 비슷한 점이 있다. 언어이기 때문이다. 홈스쿨링 국어에서 문제집은 학기당 1권으로 끝난다. 한 학기 단 1권의 문제집만 풀면 국어 공부가 끝나는 이유는 독서가 뒷받침되기 때문이다. 영어 학습시간은 단 40분밖에 되지 않는다. 그렇기 때문에 실질적으로 그 정도 시간만으로 영어 실력을 늘리기는 쉽지 않다. 그렇다고 단순히 수업시간을 늘린다면 아이는 피곤해진다. 영어에 진저리가 날지 모른다.

그럼 어떻게 해야 할까? 영어를 수업으로가 아니라 자연스럽게 접할 수 있는 기회를 제공해야 한다. 독서가 습관이 되어 재밌게 독서하듯이 영어 듣기나 읽기가 습관이 되어 공부를 하면서도 인식하지 못한 채 즐길 수 있도록 해야 한다. 그렇다면 어떻게 습관화해야 할까? 영어를 자주 접하게 하기 위해서는 매일 하는 활동 중에 하나를 영어로 하는 것이 좋다. 가장 좋은 건 독서이다. 영어 독서를 해야 한다. 하지만 이는 최소 2년 이상 영어 학습을 한 뒤에야 가능하다. 그러므로 처음에는 TV 보는 시간을 이용해야 한다. 아이에게 영어로 된 만화가 가득한 채널이나 VOD를 알려주고, 그걸 보게끔 한다. 이를 통해 영어 만화에 익숙해져야 한다. 그렇게 영어 만화를 보여주며 아이가 영어에 흥미를 느끼도록 해야 한다. 그렇게 아이가 영어로 된 무언가를 듣거나 보는 데 익숙해지면 영화나 유튜브 영상 등으로 점점 더 확대시켜나가면 된다. 아이는 자연스럽게 영어를 접하게 되고 인식하지 못한 사이에 영어 공부를 하게 된다. 이런 방식이 습관이 되면 아이는 관심을 갖는 전문 분야도 영어로 듣고 보는 수준이 될 것이다. 즉, 아이는 알게 모르게 영어 듣기와 영어 독해에 큰 성과를 거두게 된다.

영어 만화나 영화를 볼 때 자막은 어떻게 하나요?

처음 영어 만화나 영화를 볼 때는 자막이 있는 게 좋다. 아직 영어를 모르는 아이이기 때문에 정확한 내용을 알려주기 위해 자막을 봐야 한다. 그러고 나서 내용에 대한 이해가 된 다음 자막을 끄면 된다. 영어 영상을 볼 때는 최대한 볼륨을 크게 하고 발음이 잘 들리도록 해야 한다. 하지만 영화를 보면서 집중을 강요하는 것은 좋지 않다. 자연스럽게 영어를 접하게 하기 위함이니 아이가 학습으로 받아들이지 않게 최대한 즐거운 분위기에서 보면 된다.

수학 학습법

요즘은 아이와 부모 모두 수학에 관심이 많다. 예전에는 아이의 적성에 따라 수학을 포기하는 경우도 많았다. 하지만 요즘에는 수학적 사고력이 세상을 사는 데 필요하다는 것을 알게 되었고, 그래서 이제는 아이도, 부모도 수학을 포기하지 않는다. 좋은 현상이다. 아이에게 긍정적인 수학 학습을 요구한다면 아이의 삶에 좋은 영향을 미칠 것이다. 하지만 사교육을 통한 문제 풀이에만 급급해하면 아이는 괴로워진다. 수학은 문제를 얼마나 많이 푸느냐, 혹은 얼마나 빨리 푸느냐의 문제가 아니다. 그런 것은 시험에서 필요하지 사는 데 필요하진 않다. 그러므로 수학을 올바로 가르치고 배워야 한다. 그렇게 해야 수학적 사고력의 증진이라는 수학의 진정한 효과가 나타난다.

왜 수학을 배우는가?

수학을 배우는 이유는 수학적 사고력을 기르기 위함이다. 아이는 삶 속에서 수많은 문제에 부딪힌다. 그때 문제를 해결하기 위해 때론 문제를 단순화하기도 하고, 우선순위를 정하기도 하고, 복잡한 과정을 거치기도 한다. 이와 같은 과정을 소화하기 위해 필요한 것이 바로 수학적 사고력이다. 그리고 그 수학적 사고력을 기르기 위해 미분이나 적분, 함수같이 복잡한 내용을 배운다. 한마디로 더 어렵고 복잡한 일들을 통해 뇌의 능력을 높이는 것이다.

하지만 지금과 같이 문제 풀이에만 집착하면 수학적 사고력에 큰 도움을 줄 수가 없다. 아이는 자신이 그저 문제 푸는 기계가 되었다고 느낀다. 그러다 보니 아이는 수학이 재미없고, 결국에는 포기할 정도로 싫어진다. 어렸을 때부터 수학을 퍼즐이나 수학놀이 등으로 배웠다면 수학적 사고력도 기르고 재미도 느낄 것이다. 그러므로 수학을 처음 접하는 초등학교 때의 수학 교육이 중요하다.

수학을 대하는 방식

그렇다면 수학을 어떻게 인지해야 할까? 우리는 마치 수학의 문제 풀이가 이미 정해져 있다고 생각한다. 반드시 이 방식으로, 혹은 이 공식을 사용해서 풀어야 한다고 생각한다. 하지만 아니다. 문제집의 문제 풀이는 답을 찾아가는 여러 과정 중에서 가장 익숙한 것을 적었을 뿐이다. 공식도 마찬가지이다. 공식은 문제를 쉽게 풀기 위한 도구일 뿐이다. 그러므로 공식이 없이도 문제를 풀 수 있고, 때로는 전혀 상관없어 보이는 공식을 통해서도 문제를 풀 수 있다.

그러므로 수학 문제를 대하는 방식을 바꿔야 한다. 수학은 퀴즈이다. 퀴즈를 풀 때 어떻게 풀까? 문제를 가지고 이렇게도 해보고 저렇게도 해본다. 심지어 각자가 다른 방식으로 풀다 보니 답이 다양하게 나오기도 한다. 바로 이러한 방식을 수학 문제에도 적용해야 한다. 퀴즈를 푸는 마음으로 문제를 물어뜯어야 한다! 그러기 위해서는 시간을 가져야 한다. 그저 문제를 빨리 풀기 위해 생각하지 않고 문제 풀이를 참고한다면 다음에도 그 문제를 풀지 못한다. 그러므로 이제는 문제를 물어뜯는 연습을 해야 한다. 그렇게 하면 수학 문제가 다르게 보이고 재미있게 보이기도 할 것이다.

수학을 어떻게 공부해야 할까?

수학은 크게 보면 사고력 수학과 연산 수학으로 나뉜다. 사고력 수학이 길을 개척하면, 연산 수학이 그 길을 깨끗이 닦는다. 수학의 시작은 방정식이다. 미지의 수 X를 찾는 과정부터가 수학이다. 그 전은 굳이 나누면 연산 수학이다. 덧셈, 뺄셈, 나눗셈, 곱셈이라는 기호를 통해 숫자를 대입하고 정해진 결과값을 찾는다. 그리고 반복을 통해 익숙해진다.

수학이 시작되면, 즉 방정식이 시작되면 먼저 문제를 풀어보는 훈련을 해야 한다. 하지만 교과서도, 문제집도 처음부터 개념을 설명하고 문제를 풀어준다. 그러고는 바로 익숙해지기 위한 연산 과정을 거친다. 생각은 없이 사고력 수학을 연산 수학으로 바꿔서 한다. 이렇게 생각 없이 문제를 풀면 사고력이 부족해져 함수 과정만 가도 그래프마다 교사가 개척해주지 않으면 한 발짝도 나아가지 못하게 된다.

그럼 왜 교사는 이런 방식으로 가르칠까? 교사는 학사 일정에 따라 수업을 진행한다. 그러다 보니 여유가 없다. 1교시에 정해진 분량을 소화하지 못하면 진도를 맞출 수가 없다. 그래서 먼저 개념을 알려준다. 진정한 수학 교육을 위해 아이들에게 생각할 시간을 주는 순간 누구는 먼저 풀고 놀고 있고, 누구는 무슨 말인지조차 이해하지 못한다. 그렇기에 중간 그룹의 수준에 맞춰 문제 풀이를 해주고 연산으로 나아간다. 그렇게 하면 아이들도 어느 정도 아는 거 같다. 그리고 이 방법이 괜찮은 방법이라 판단한다. 하지만 아이는 시간이 지나 벽에 부딪힐 것이다.

그럼 어떻게 가르쳐야 할까? 아이 스스로 문제를 풀도록 해야 한다. 뇌의 힘을 믿어야 한다. 아직 구구단을 외우고 있는 초등학교 2학년 아이도 초등학교 고학년에서 배우는 방정식을 푼다. $x+3=7$ 같은 가장 기초적인 방정식이다. 문제의 수준을 보며 빈칸을 채우는 문제로 치부할 수도 있다. 하지만 아이는 x가 미지수라는 사실도 모르는 상태에서 사고를 통해 문제를 이해했다. 이는 매우 중요한 사실이다. 또한 중급 멘사 테스트용 도형 문제를 주면 시간이 걸려서 그렇지 곧잘 푼다. 다른 유형을 줘도 또 곧잘 푼다. 시간제한을 주지 않으면 아이는 문제를 푼다. 그게 바로 뇌의 힘이고 아이가 사고를 하고 있다는 증거이다. 그런 능력이 있는 아이에게 문제를 떠먹여줄 필요는 없다. 아이에게 수학은 미지의 세계이다. 호기심을 자극하기 좋은 수단이다.

새로운 단원을 시작할 때 A4 용지에 기본 문제 1개를 적어보자. 그리고 아이에게 시간제한 없이 풀게 해보자. 아이는 문제를 풀 수 있다. 만약 풀지 못하더라도 궁금해 미칠 지경이 될 것이다. 즉, 아이의 수학적 호기심을 자극시킨다. 그 상태에서 개념을 알려주면 아이는 자신이 생각하지 못한 새로운 방식에 놀라운 집중력을 보일 것이다. 너무 궁금했기 때문이다. 그러한 방식으로 문제를 푼 다음 비슷한 문제를 풀 수 있는지 확인해보자. 혼자서 문제를 잘 풀면 그제야 문제집으로 넘어간다. 이런 방식으로 문제를 먼저 접하게 하면 아이는 수학 문제에 재미를 느낄 것이다.

암기과목

사실 우리가 말하는 암기과목, 즉 인문, 사회, 과학 분야의 과목들은 엄밀하게 말하면 평소에 공부할 필요가 없다. 이런 말을 하는 이유는 단순히 해당 과목을 암기과목으로만 치부해서 하는 말이 아니다. 독서가 훈련된 아이들은 하루에 5권 이상의 책을 정독하고, 살펴보는 책까지 하면 훨씬 많은 책을 읽는다. 그렇게 읽는 책들은 대부분 인문, 사회, 과학 분야의 책이다. 아이들은 그 책을 1번만 읽고 덮어두지 않고 자신만의 스케줄에 맞춰 읽고 또 읽고를 반복한다.

평소에 인문, 사회, 과학 분야를 책으로 접한 아이에게 교과서를 들이밀고, 매일 1~2시간을 할당해서 억지로 공부하게 만드는 것은 시간 낭비이다. 아이를 쓸데없이 지치게 만든다. 우리가 추구하는 홈스쿨링에서 수학은 학기당 3권의 문제집을 푼다. 하지만 인문, 사회, 과학 분야 과목의 문제집은 국어와 마찬가지로 학기당 1권이면 충분하다. 사실 1권의 문제집을 푸는 이유도 그를 통해 해당 과목을 공부하기 위해서가 아니다. 첫째, 책을 통해 배운 내용을 정리하기 위한 목적이다. 문제집은 체계적이라는 점이 장점이다. 다양한 책을 읽다 보면 머릿속에서 내용이 중구난방이 될 때가 많다. 그때 문제집을 풀며 지식을 체계적으로 정리하면 좋다. 둘째, 문제의 스타일을 익히기 위함이다. 어차피 우리는 시험을 봐야 한다. 그렇기 때문에 문제집을 통해 어떤 문제가 나오는지를 확인해보고 경험해봐야 한다. 그렇게 과목당 1권의 문제집만 푼다면 공부에 대한 부담을 줄일 수 있다.

부모 입장에서 한 가지 명심해야 할 것이 있다. 아이가 내용을 안다면 용어를 모르더라도 암기를 강요해서는 안 된다. 아이에게 독서는 계속 즐거움이 되어야 한다. 하지만 부모가 욕심을 부리면 아이는 즐거움을 잃을 수 있다. 부모는 그저 아이의 독서 습관에 맞는 책을 구입해주기만 하면 된다. 그림책, 학습만화, 초등 고학년 수준의 책, 중등 수준의 책, 고등 수준 책 등의 순서로 구입해주면 된다. 그렇게 독서를 하다 때가 되면 자연스레 암기가 되기 때문이다.

프로젝트

홈스쿨링을 하면 홈스쿨링만의 자유를 이용해 할 수 있는 일들이 많다. 그 일들을 '프로젝트'라고 하며 평일 오후나 토요일에 한다. 프로젝트는 경우에 따라 많은 시간을 요구하기 때문에 여유시간이 보장되지 않으면 하기 쉽지 않다. 그러므로 평일 오후와 토요일이 온전히 보장되는 아이만의 특권이다.

프로젝트는 아이가 관심을 보이는 것은 무엇이든 할 수 있다. 가장 일반적인 작곡, 작사 같은 음악작업뿐만 아니라 주식이나 경매 같은 경제활동, 캠핑이나 여행 같은 여가 활동 등 무엇이든 할 수 있다. 단, 그 비용은 스스로 마련하는 것을 원칙으로 한다. 모든 행동에는 결과가 따른다는 것을 알려주어야 한다. 또한 자연스레 자본주의 사회에서 생활하는 법을 배운다. 일반적인 초등학생 아이라면 일정 금액 이상을 모았을 것이다. 또 심부름을 통해 용돈을 받거나 벼룩시장에 자신의 물건을 팔아 돈을 마련할 수도 있다. 부모는 아이가 프로젝트 비용을 스스로 마련할 수 있도록 도와주면 된다.

프로젝트는 성과가 있어야 한다

프로젝트를 통해 아이가 눈에 보이는 성과를 얻을 수 있다면 금상첨화이다. 왜냐하면 성과를 통해 아이는 더 큰 자신감을 얻을 수 있기 때문이다. 하지만 성과에만 집착하는 것은 분명 경계해야 한다.

공모전

수많은 공모전이 있다. 그중 아이가 원하는 공모전을 아이 스스로 준비하고 응모한다면 많은 경험을 하게 될 것이다. 아이는 '응모 요령'을 보며 어떻게 응모해야 하는지를 알게 되고, 그를 통해 인터넷 접수 등 많은 경험을 하게 된다.

공모전은 시간이 정해져 있고, 제시된 과제가 있기 때문에 과제 수행 능력을 기르는 데 좋은 경험이다. 또한 공모전을 통해 아이의 적성이나 또는 해당 과목에 대한 수준을 파악할 수도 있다. 그러므로 기회가 될 때마다 공모전에 참여하는 것이 좋다.

여기서 분명히 알아둬야 할 것이 있다. 공모전 수상은 쉽지 않다. 그렇기 때문에 대부분의 아이들은 공모전에서 수상을 하지 못한다. 수상을 못 하면 실망할 수밖에 없다. 그러므로 공모전이 수상이라는 결과를 위한 과정이 아닌 경험을 위한 과정이라는 것을 분명히 인지시켜야 한다. 마치 학교에서 정기적으로 시험을 보듯이, 하나의 과정이고 경험일 뿐이라는 사실을 분명히 인지하도록 해야 한다. 그럼에도 입상을 한다면 그저 마음껏 축하해주면 된다.

또한 공모전은 새로운 것을 배우는 계기가 될 수 있다. 공모전 중에는 단편소설이나 단편영화 그리고 음원같이 쉽게 할 수 없는 것들이 많다. 하지만 그런 공모전도 시간을 들여 배우며 도전할 수 있다면 좋다. 세상에 어려워서 못 하는 것은 없다. 관심과 열정을 가진다면 모든 일을 할 수 있다. 그러므로 스스로 새로운 공모전을 준비하고 노력한다면 아이는 더 많은 것을 얻을 수 있다.

간혹 대학입시에 도움이 될 거라고 생각해서 공모전을 준비하다가 스트레스를 받는 사람을 보았다. 하지만 공모전은 대학입시에 도움이 되지 않는다. 현재 외부 수상 내역은 학교생활기록부에 적을 수 없다. 더욱이 홈스쿨링을 하는 아이는 대학입시에서 수시를 치지 않는다. 즉, 수시에서나 필요할 법한 수상 내역은 의미가 없다. 어차피 정시로, 대학수학능력시험만으로, 혹은 검정고시 환산 내신으로 대학을 가기 때문에 실질적으로 대학입시에서 수상 내역은 의미가 없다. 그러므로 공모전을 대학입시의 수단으로 생각하지 않아야 한다.

시험 준비

나이에 따라 다르겠지만 분명 시험도 프로젝트가 될 수 있다. 시험을 통해 자신의 실력을 검증받고 이를 통해 자신감을 얻을 수 있다. 또한 학습욕구가 있는 아이라면 시험을 통한 동기 부여로 해당 과목의 실력이 급상승하는 경험도 할 수 있다. 시험에는 일반적으로 토익 브릿지TOEIC Bridge, 토셀TOSEL 등 언어 관련 시험부터 다양한 과목의 국가기술자격시험 등이 있다. 예를 들어 요리를 좋아하는 아이는 조리사 자격증을 준비하면 된다. 아이는 시험을 준비하며 요리에 대해 더 많은 경험을 하게 된다.

만들기

공모전이나 시험처럼 거창한 성과만 성과가 아니다. 작은 성과도 성과이다. 과학상자나 장난감 블록, 조립식 장난감 등 무언가를 만드는 것도 충분히 성과가 될 수 있다. 눈에 보이는 무언가가 만들어지기 때문에 두말할 것 없이 성과가 되고, 그 과정을 영상으로 기록해서 공유한다면 누군가에게 도움이 될 수 있다. 그러므로 거창한 성과뿐 아니라 작은 성과에 대해서도 꾸준히 준비한다면 생각보다 큰 만족이 있을 것이다.

특화된 장기

축구나 야구, 또는 격투기 같은 운동이나 피아노, 바이올린 같은 악기 연주는 특화된 장기임에 틀림없다. 노력 없이는 할 수 없기 때문이다. 공부 외에 잘하는 것이 있다면 아이는 큰 자신감을 얻는다. 그러므로 아이가 지금은 힘들어할지라도 이러한 특화된 장기는 자신이 하고 싶은 일을 찾을 때 큰 도움이 될 수 있다. 그러므로 아이와 대화를 나누어 특화된 장기로 만들 수 있는 것을 프로젝트에 넣으면 좋다. 그리고 일정한 시간 동안 지속할 수 있게 노력해야 한다. 그렇게 되면 아이는 세상을 살아가는 또 다른 무기를 가지게 된다.

프로젝트는 살아가는 기술을 공부하는 것이다

세상을 살아가기 위해 필요한 기술이 많다. 하지만 지금은 공부에 역량을 집중해야 하기 때문에 그 기술들을 배울 여유가 없다. 대학에 가서 배우면 된다고 그 기술들을 하찮게 여긴다. 하지만 아니다. 그러한 기술을 미리 경험하면 가진 지식을 활용하는 데도 도움이 된다. 또한 자신의 적성을 찾는 데도 도움이 된다. 그러므로 살아가는 기술을 경험하는 것은 매우 중요하다.

공예 수업
북미나 유럽의 사립 초등학교 커리큘럼을 보면 공예 수업이 많다는 것을 알 수 있다. 목재를 가지고 생활에 필요한 다양한 공예품을 만들기 위해 방과 후까지 시간을 내어 공예를 한다. 우리는 그런 모습에 대해 '쓸데없는 짓을 한다'고 한다. 학교를 졸업하면 다 하게 될 일이라고 생각한다. 어쩌면 부모 세대의 '실과'라는 과목을 통해 배운 그 정도 수준을 생각하는지도 모른다. 설명서에 나무 재단까지 다 되어 나오는 책꽂이 부품에 못을 박고, 사포질을 하고, 니스를 바르고 끝나는 수준의 작업은 결코 공예 수업이 아니다.

공예 수업은 매우 중요한 시간이다. 왜냐하면 아이는 수업을 통해 교과과정에서 배운 내용들을 적용하고 강화하는 시간을 갖기 때문이다. 즉, 이론으로 배운 내용이 단순히 지식 습득에 그치지 않고, 실기 수업을 통해 체득, 즉 몸으로 익혀버리는 것이다. 그렇게 되면 그 지식은 지워지지 않는다.

공예 수업은 아이들이 직접 주제를 정하고 만든다. 나무로 만들 수 있는 무엇이든 만들 수 있다. 간단한 블록 장난감부터 아기자기한 의자나 사다리 등 실생활에 필요한 것을 만든다. 또한 심혈을 기울이는 아이는 통기타 같은 악기도 만들 수 있다. 더불어 어떤 아이는 추상적인 작품을 만드는 경우도 있다. 이렇듯 아이가 스스로 무엇을 만들지 정한다. 아이는 기존에 배운 수학, 과학, 예술적인 지식을 총동원해서 만든다. 통합적인 지식이 없으면 어떤 것도 만들 수 없다.

조리 수업

조리 수업을 통해 아이는 요리를 만든다. 하지만 단순히 기존에 있던 요리를 만드는 것이 아니다. 요리 프로그램처럼 어떤 요리를 만들 것인지 주제와 제목, 레시피를 만든다. 그리고 레시피에 맞춰 과정을 설명하며 요리를 만든다. 마치 요리 프로그램의 요리사처럼 행동한다. 그렇게 요리를 만들기 위해서는 준비과정이 철저해야 한다. 또한 그 과정을 영상으로 찍어야 한다. 아이는 요리를 설명하기 위해 정확한 표현을 생각해야 한다. 즉, 아이는 국어 시간에 배운 내용을 상기하고, 순서를 정하고 문장을 간결하게 한다. 이처럼 요리를 만드는 일련의 과정을 통해 아이는 끊임없이 배운 지식을 끌고 오게 된다.

요리를 하고 과정을 잘 찍었다면 자신의 유튜브 계정에 올리면 된다. 노력의 결과를 늘 확인할 수 있고, 또한 다른 사람에게도 도움을 줄 수 있다.

경매, 주식 수업

나이에 따라 다르겠지만 어렸을 때부터 받은 용돈을 착실하게 모았다면 제법 많은 금액을 모았을 것이다. 그중 일정 금액을 가지고 경매나 주식에 투자하는 것은 매우 좋은 경험이 될 수 있다. 예를 들어 주식은 100만 원 이내에서, 경매는 300만 원 이내에서 투자하는 게 적절하다. 그럼 이렇게 질문을 할지도 모른다. "주식은 100만 원 내에서 살 수 있지만, 300만 원으로 어떻게 경매를 하죠?" 경매 물건을 검색해보면 300만 원 미만으로 구입할 수 있는 물건도 상당히 많다.

그렇게 금액을 정해서 증권 거래를 통해 주식을, 경매를 통해 부동산을 구입하면 된다. 단, 명심해야 할 것이 있다. 경매나 주식은 경험을 통해 아이의 성장을 기대하는 것이지 지속적으로 하는 것이 아니다. 즉, 단기적인 수익을 기대하고 하는 것이 아니라 장기적인 수익을 바라본다. 그러므로 최소 10년 이상 보유한다는 목표로 해야 한다. 그러기 위해서는 주식의 경우 망할 가능성이 적은 회사 중에서 가능성이 있는 곳에 투자해야 한다. 그런 곳은 주가가 비싸서 몇 주 사지 못할 수도 있다. 그리고 경매의 경우 권리 분석은 기본이고, 맹지 등의 치명적인 하자가 없는 땅을 구입해야 한다.

이렇게 투자를 해놓으면 아이는 경제에 대해 더욱 관심 있게 지켜볼 것이다. 또한 시간이 지나서 주식이나 부동산이 실제 이익을 가져다줄 수도 있다. 더불어 부동산의 경우 땅의 용도에 따라 농사를 짓거나 나무를 심는 등 자연친화적인 경험도 할 수 있다. 바로 이와 같은 경험을 통해 아이의 생각은 더욱 커진다.

유튜브 활용하기

역사는 기록이다. 유튜브는 역사의 한 페이지를 아이의 이야기로 꾸밀 수 있는 좋은 매체이다. 유튜브에 올린 영상은 오랜 시간 동안 많은 사람들에게 아이의 이야기를 소개할 것이다. 그러므로 프로젝트 수업을 영상으로 남긴다면 그것은 개인의 경험으로 끝나는 것이 아니라 모두에게 영향을 미치는 수업이 될 수 있다. 그러므로 조금 귀찮더라도 프로젝트 수업시간을 영상으로 남겨보자. 경우에 따라 수고보다 더욱 큰 보상이 생길 수도 있고, 스스로가 예상하지 못한 좋은 기회를 얻을 수도 있다. 프로젝트 영상은 분명 흔한 영상이 아니다. 누구나 경험할 수 있는 일이 아니기 때문이다. 그러므로 영상을 올리면 관심을 받을 수도 있고, 꾸준히 올리다 보면 어느새 크리에이터가 되어 있을 수도 있다.

7
/

커리큘럼

흠스쿨링을 하는 아이나
학교에 다니는 아이나
모두 똑같은 문제집을 풀었지만
성과는 다르게 나타난다.

홈스쿨링 커리큘럼의 이해

홈스쿨링 커리큘럼은 진도의 차이가 있을 뿐, 결코 내용에서 차이가 있는 것은 아니다. 홈스쿨링이라고 해서 새로운 것을 배우진 않는다. 홈스쿨링의 학습은 일반적인 학습과 다르지 않다. 홈스쿨링이 무언가 새로운 것을 학습하는 거라고 생각한다면 오산이다. 물론 부모에 따라 새로운 학습법을 적용할 수는 있겠다. 예를 들어 사회, 과학 같은 과목은 전문서적을 통해 더욱 심도 깊게 학습할 수도 있고, 영어는 시기에 따라 영어 동화책이나 DVD를 통해서만 학습할 수도 있다.

하지만 일반적으로 기본 학습은 학교를 다니는 아이의 학습과 다르지 않다. 말 그대로 문제집과의 전쟁이다. 하지만 전쟁 가운데서도 꽃이 피듯 홈스쿨링을 하는 아이와 부모는 문제집을 대하는 방식을 변화시킬 수 있다. 아무 생각 없이 문제를 푸는 기계처럼 행동하는 것이 아니라 아이와 부모 스스로가 학습방법의 차이를 만들 수 있다. 이는 부딪침과 깨달음 가운데서 오기 때문에 그걸 일일이 '이렇게 해야 한다'라고 주장할 수는 없다. 그런 건 각자 느껴야 한다. 단, 홈스쿨링의 환경이 그러한 차이를 만들기 좋은 환경이고, 아이와 부모가 스스로 깨달은 학습법을 익힌다면 그것만큼 좋은 것은 없다. 홈스쿨링을 하는 아이나 학교에 다니는 아이나 모두 똑같은 문제집을 풀었지만 성과는 다르게 나타난다.

커리큘럼은 일반적인 아이의 기준이기 때문에 아이의 반응에 따라 부모가 함께 조정하면 된다. 또한 특정 분야에 있어 뛰어나거나 집중해야 할 필요가 있을 경우 그에 맞춰 일부 과목을 변경하면 된다.

커리큘럼에
들어가기 전에

커리큘럼에 들어가기 전에 반드시 알고 가야 할 것이 있다. 첫째, 커리 큘럼의 근원을 알아야 한다. 이 근원을 통해 홈스쿨링의 커리큘럼이 나 온다. 그러므로 이에 대해 관심을 기울여야 한다. 둘째, 홈스쿨링을 하 면서 지켜야 할 일을 알아야 한다. 홈스쿨링을 하기 위해서는 마음가짐 을 새롭게 해야 한다. 학교에 다닐 때와는 다른 마음가짐을 가져야 한 다. 그러므로 커리큘럼을 시작하기 전에 반드시 아래 내용을 확인하길 바란다.

커리큘럼의 근원

커리큘럼의 근원은 3가지이다. 그 각각에 대해 알아보자.

초·중등학교 교육과정 개정(안)

교육부 웹사이트(www.moe.go.kr)에 보면 「초·중등학교 교육과정 개정(안)」이 있다. 국가가 추구하는 교육 목표에 맞추어 어떻게 아이를 교육할 것인지에 대한 상세한 내용이 담겨 있다. 이 문서에 맞춰 교과서도, 문제집도 개정한다. 일부 내용을 발췌하면 다음과 같다.

일반선택 과목

일반선택 과목인 〈수학 I〉은 공통과목인 〈수학〉을 학습한 후, 더 높은 수준의 수학을 학습하기를 원하는 학생들이 선택할 수 있는 과목이다. 〈수학 I〉의 내용은 '지수함수와 로그함수' '삼각함수' '수열'의 3개 핵심개념 영역으로 구성된다. '지수함수와 로그함수' 영역에서는 지수와 로그의 뜻과 성질, 지수함수와 로그함수의 뜻과 그래프를, '삼각함수' 영역에서는 일반각과 호도법, 삼각함수의 뜻과 그래프, 사인법칙과 코사인법칙을, '수열' 영역에서는 등차수열과 등비수열, 수열의 합, 수학적 귀납법을 다룬다.

(……)

일반선택 과목인 〈수학 II〉는 공통과목인 〈수학〉을 학습한 후, 더 높은 수준의 수학을 학습하기를 원하는 학생들이 선택할 수 있는 과목이다. 〈수학 II〉의 내용은 '함수의 극한과 연속' '미분' '적분'의 3개 핵심개념 영역으로 구성된다. '함수의 극한과 연속' 영역에서는 함수의 극한의 뜻과 성질, 함수의 연속의 뜻과 성질을, '미분' 영역에서는 미분계수, 도함수, 도함수의 활용을, '적분' 영역에서는 부정적분, 정적분, 정적분의 활용을 다룬다.

읽어보면 교육과정에 대한 전반적인 내용을 알 수 있다. 그러므로 전체 문서를 읽어보길 권장한다. 「초·중등학교 교육과정 개정(안)」은 수년에 1번씩 개정된다. 그러므로 관련 기사가 나올 때마다 관심을 가지고 지켜보는 것이 좋다.

대학수학능력시험 출제 범위

우리가 뛰는 마라톤에서 가장 중요한 대학수학능력시험에 대해 알아보자. 그중 핵심은 출제 범위이다. 출제 범위에 따라 지금 하고 있는 공부가 전혀 의미 없는 공부가 될 수도 있기 때문이다. 그러므로 대학수학능력시험의 출제 범위에 대한 기사가 나오면 반드시 확인해야 한다.

더불어 한국교육과정평가원에서 운영하는 대학수학능력시험 웹사이트(www.suneung.re.kr)에 들어가면 출제 기준 및 학습방법에 대한 자세한 내용을 알 수 있다. 이것만 잘 읽어도 아이와 부모가 대학수학능력시험을 어떻게 대비해야 할지 감이 잡힐 것이다. 그러므로 홈스쿨링을 하는 아이와 부모는 반드시 읽어봐야 한다.

검정고시

홈스쿨링 커리큘럼의 공부 과목은 검정고시가 기준이다. 검정고시를 통과해야만 대학수학능력시험도 볼 수 있고, 고등학교 졸업도 가능하기 때문이다. 그러므로 응시과목, 출제기준, 기출문제 등 검정고시에 대한 정보를 철저히 분석해야 한다. 검정고시는 초·중등학교 교육과정 개정에 따라 출제 범위가 달라진다. 그러므로 출제 범위를 확인한 후 그에 맞는 문제집을 준비해야 한다. 검정고시에 대한 자세한 내용은 응시 지역의 각 시, 도 교육청 홈페이지를 통해 확인할 수 있다. 예를 들어 서울시일 경우 서울특별시교육청 웹사이트(www.sen.go.kr)에서 확인할 수 있다.

실제 학습에서 지켜야 할 일

실제 홈스쿨링을 진행하기 위해 몇 가지 원칙이 필요하다. 그 원칙에 아이와 부모가 온전히 동의해야 홈스쿨링을 온전히 할 수 있다.

아이는 부모를 찾지 마라

아이는 수업시간에 모르는 것이 있어도 부모를 찾지 않아야 한다. 왜냐하면 홈스쿨링은 단순히 문제 풀이 시간이 아니기 때문이다. 한 수업, 한 수업을 스스로 성취해 나아간다. 그러므로 아이는 혼자서 온전히 그 수업을 감당해야 한다. 그래야 문제 해결 능력이 생긴다. 하지만 답을 알려줄 거라 믿는 부모가 곁에 있으면 아무래도 부모를 의지하게 된다. 그러므로 부모는 모르는 문제가 있더라도 스스로 해결해야 한다고 반드시 알려주어야 한다.

부모는 아이를 구속하지 마라

홈스쿨링을 하게 되면 아이와 부모가 함께 있는 시간이 많아진다. 그렇기 때문에 부모가 아이를 구속할 가능성이 높다. 부모 스스로도 구속이 문제가 있음을 알지만 자신도 모르게 구속한다. 구속이 습관화되면 아이는 부모에게 끌려갈 수밖에 없다. 그 결과 아이는 옳고 그름과 좋고 싫음에 대한 반응을 온전히 표출하지 못한다. 그러므로 절대 아이를 구속하지 말아야 한다.

만약 아이가 느리다면

홈스쿨링의 본격 시작은 3학년부터이지만, 만약 아이가 조금 느리다면 1학년 입학 전에 한 6개월 정도 아이에게 필요한 학습을 할 필요가 있다. 왜냐하면 많은 아이들이 선행을 하는 시대에 느린 아이를 그냥 둔다면 문제가 있을 수 있기 때문이다. 학습을 따라가지 못하는 것은 상관없다. 하지만 다른 아이가 다 따라가는 학습을 아이가 따라가지 못할 경우 아이의 자신감이 떨어지는 게 문제이다. 경우에 따라 놀림감이 될 수도 있다. 그렇게 되면 아이는 점점 더 소심해지고, 학교 생활에 적응하지 못한다. 그렇다면 그 시기에 아이가 배워야 할 것을 배우지 못하게 된다.

아이가 느리다면 초등학교 입학 전 준비 교육을 시킬 필요가 있다. 그리고 그 교육은 6개월 정도면 충분하다. 또 계속해서 선행학습을 이어나갈 필요는 없다. 기본학습이 끝났다면 이제 2년간은 학교에 맡겨보자. 기대한 만큼의 성과는 없을지라도 아이는 자신감을 가지고 학교 생활을 해나갈 것이다.

과목별 학습 분량의 이해

과목별 학습 분량은 학기를 마치기 위해, 즉 다음 학기로 넘어가기 위해 반드시 수행해야 하는 분량이다. 즉, 검정고시를 통과할 수준의 학습량이다. 이 학습량을 이수하지 않았을 경우에는 다음 학기로 넘어가지 않는 것이 맞다. 이러한 경우에는 필요한 기간만큼 다음 학기에서 빌려오거나 학습 분량을 마친 과목만 다음 학기로 넘어가면 된다.

과목별 학습 횟수

각 과목별 1일 학습 횟수를 정하는 일은 쉽지 않다. 국어, 영어, 수학을 매일, 때로는 하루에도 몇 번씩 하면 좋지만 그렇게 하면 아이가 힘들다. 그렇다고 일주일에 2~3번만 할 경우 아이의 실력 향상이 고민될 수밖에 없다. 매일 꾸준히 학습하는 것이 최고의 방법이기 때문이다. 하지만 현실적으로는 그렇게 할 수 없다.

홈스쿨링 커리큘럼에서 국어, 영어, 수학은 매일 학습한다. 영어와 수학은 과정에 따라 다르지만 1일 2~3회를 한다. 하루에 특정 과목을 2~3번씩 공부하는 것은 부담스럽게 느껴질 수 있다. 하지만 막상 학습을 해보면 생각보다 힘들지 않다. 왜냐하면 1교시가 20분밖에 되지 않기 때문이다. 그 외의 과목인 사회, 과학, 한국사는 과정에 따라 주 2~3회나 주 3~4회 학습하면 된다.

문제집 1권 푸는 데 걸리는 시간

문제집은 초등학생을 기준으로 권당 200~300페이지 정도 된다. 출판사에 따라 다르지만 일반적으로 국어의 경우 300페이지 정도로 제일 많고, 수학의 경우 200페이지 정도로 제일 적다. 연산 수학의 경우는 그보다 적은 120페이지 내외이다. 사회와 과학은 250페이지 정도이다.

20분 학습법을 기준으로 할 때 아이는 4페이지 정도를 풀고 검토할 수 있다. 즉, 수학을 기준으로 주 5일 학습할 경우 월 80페이지, 1학기 기준으로 320페이지를 풀 수 있다. 수학의 경우 1일 2회 학습하므로 아이는 1학기에 총 640페이지 분량을 학습한다. 실제 아이가 학습해야 하는 분량은 대략 520페이지 정도이다.

국어의 경우 주 5회 학습한다. 월 20회면 1학기 80회고, 하루 4페이지를 풀 경우 320페이지를 학습하게 된다. 사회, 과학의 경우 주 2~3회 학습한다. 월 8~12회면 1학기 32~48회이고, 하루 4페이지를 풀 경우 128, 192페이지를 학습하게 된다. 사회, 과학 문제집이 250페이지 내외이기 때문에 학습시간이 모자랄 수 있다. 하지만 사회, 과학의 경우 '슬로 슬로 퀵 퀵'에서 '퀵 퀵'에 해당하는 과목이기 때문에 많게는 하루 8페이지 정도도 풀 수 있다. 그래서 실제 학습 진도를 맞추는 데 문제가 되지 않는다. 이 분량은 기본이며, 아이에 따라 훨씬 더 많은 페이지를 푸는 경우도 많다. 반대로 시간이 모자랄 경우에는 토요일에 일부 과목에 대해서만 홈스쿨링을 하는 것도 좋은 방법이다.

학습 분량이 적지 않나요?

학기당 수학 3권, 국어 1권 등으로 분량을 정하면, 어떤 부모는 분량이 너무 많다고 말하기도 하고, 어떤 부모는 분량이 너무 적다고 말하기도 한다. 물론 아이마다 다르지만 많은 부모들은 "그 정도 분량으로 학기를 마쳤다고 할 수 있나요?"라고 묻는다.

나는 반문한다. "지금 아이는 몇 권을 푸나요?" 그럼 막상 잘 대답하지 못한다. 학교를 다니는 아이가 수학 교과서를 포함해 1학기에 총 3권을 푼다면 알차게 시간을 보낸 아이이다. 보통 어떤 아이는 학습지를 풀고, 어떤 아이는 학원에 가고, 어떤 아이는 공부방에 가고, 어떤 아이는 엄마와 함께 문제집을 푼다. 그렇게 각자 공부한 아이들의 학습량을 계산하면 수학을 기준으로 1학기에 3권을 풀었을까? 아니다. 내 생각에는 평균 1권. 교과서 포함해서 1.5권 정도를 풀었을 것이다. 교과서를 0.5권으로 계산한 이유는 교과서의 문제량이 적기 때문이다. 조금 성실하게 학습한 아이들이 2권, 교과서 포함해서 2.5권을 풀었을 것이다. 이는 방학을 포함한 1학기를 기준으로 한다.

많은 부모들이 1학기, 6개월이라는 시간 동안 생각보다 많은 분량을 푼다고 착각한다. 아이가 1학기 동안 푼 양을 체크해보자. 수학의 경우 결코 문제집 3권을 넘지 못한다. 왜냐하면 알게 모르게 낭비되는 시간이 오만 가지이기 때문이다. 학원에 가는 시간이 최소 왕복 20분을 넘는다. 학원이 시작하는 시간까지 기다리는 시간도 10분 가까이 된다. 집에서든 학원에서든 해당 과목을 공부하면서 집중하지 못하는 시간이 20분 이상이다. 이처럼 막상 해당 과목을 공부하기 위해 투입한 시간은 많지만 실제 그만큼의 효과는 기대할 수 없다. 상당한 시간이 낭비되었기 때문이다.

이렇듯 수학을 기준으로 3권은 적은 양이 아니다. 만약 그 이상을 푼다면 그 아이는 매우 성실하거나 그 과목에 관심이 있는 아이이다. 사실 홈스쿨링을 하면서 각 교시 시간을 조금 더 엄격히 적용하거나 쉬는 시간을 조금만 줄여도 수학을 기준으로 1학기인 4개월 동안 4권의 문제집도 여유 있게 풀 수 있다. 단, 4권까지 풀 필요가 없다고 판단하기 때문에 3권을 말하는 것이다. 만약 수학에 재능이 있고, 수학을 좋아하는 친구라면 스스로 오후 개인 시간에도 풀 것이다. 그렇게 되면 10권도 풀 수 있다.

3권은 일반 아이가 수학을 공부할 때 다음 학기로 넘어갈 수 있는 최적의 기준이라고 생각한다. 반대로 3권이라는 분량에 부담을 가지는 부모도 있다. 막상 홈스쿨링을 시작하면 하루에 수학 2교시를 소화하기에 생각보다 여유롭게 문제집 3권을 끝낼 수 있다. 오히려 1교시 학습량이 20분 전에 끝나는 것도 알게 된다. 그러므로 부담 없이 홈스쿨링에 임해야 한다.

교과서는 필요 없나요?

학습 분량에 교과서는 포함되지 않는다. 2가지 이유가 있다. 첫째, 교과서 구입에 애로가 있다. 홈스쿨링은 1년 3학기제로 운영하기 때문에 교과서 구입 시기가 맞지 않는다. 문제집의 경우 어느 시기에든 1, 2학기 문제집을 구할 수 있지만, 교과서는 그렇지 않다. 구입할 수 있는 시기가 정해져 있어 시기를 놓치면 구입하기 힘들다.

둘째, 교과서가 자율학습에 적합하지 않아서이다. 국어 교과서의 경우 '친구들과 생각을 나눠보시오'로 끝나는 문제가 많아서 아이가 스스로 하기 쉽지 않다. 영어 교과서의 경우는 교사 지침서 없이는 풀 수 없는 문제가 많고, 많은 부분이 듣기로 되어 있다. 참고로 듣기 자료는 교사만 다운로드 받을 수 있다. 수학 교과서의 경우 교사 지침서 없이는 정답을 확인할 수 없고, 문제의 수준도 너무 낮다. 이러한 이유로 군이 교과서를 풀 필요는 없다. 단, 인문, 사회, 과학 분야의 교과서는 있으면 좋다. 교과서를 한꺼번에 구입한 다음 책장에 두고 독서 시간에 책처럼 읽으면 도움이 된다.

교육과정 편성

교육과정 편성은 초·중등학교 교육과정에 따라 배당된 시간 수를 기준으로 이수 과목과 이수 시간을 적어놓은 표를 의미한다. 즉, 아이가 각 과정(초등, 중등, 고등)에서 진급하거나 졸업하기 위해 이수해야 하는 과목과 시간을 한눈에 볼 수 있다.

홈스쿨링은 초·중등학교 교육과정에 따라 배당된 시간이 없기 때문에 자율적으로 과목과 시간을 정할 수 있다. 앞에서 말했듯이 우리가 하는 홈스쿨링은 검정고시 과목을 기준으로 20분 학습법과 1년 3학기제에 맞춰 학습을 진행한다. 그에 따라 교육과정 편성을 하면 다음과 같다. 이를 통해 아이와 부모는 홈스쿨링을 통해 1학기 동안, 1년 동안, 각 과정 동안 필수 과목과 선택 과목을 몇 시간 정도 학습하는지를 대략적으로 확인할 수 있다.

초등 교육과정 편성

초등 교육과정 편성은 실제로 홈스쿨링을 시작하는 3학년 과정부터 확인할 수 있다. '이수 시수'는 해당 과목을 이수하는 시간을 뜻한다. 그러므로 '1 이수 시수'는 1교시, 즉 20분을 의미한다. 예를 들어 국어 과목의 경우 매일 1교시씩 학습하므로, 1주 동안 5교시, 한 달 동안 20교시를 학습한다. 그리고 1학기, 즉 4달 동안 80교시를 학습한다. 그러므로 국어 과목의 한 학기 이수 시수는 80이 되는 것이다.

초등 교육과정 편성은 다음과 같다.

교과 과목	이수 시수	3학년		4학년		5학년		6학년	
		1학기	2학기	1학기	2학기	1학기	2학기	1학기	2학기
독서	640	80	80	80	80	80	80	80	80
국어	640	80	80	80	80	80	80	80	80
국어 일기	128	16	16	16	16	16	16	16	16
영어	1680	160	160	160	240	240	240	240	240
영어동화 읽어주기	128	32	32	32	32	-	-	-	-
영어동화 읽기	64	-	-	-	-	32	32	-	-
영어 읽기	64	-	-	-	-	-	-	32	32
수학	1280	160	160	160	160	160	160	160	160
사회	256	32	32	32	32	32	32	32	32
과학	384	48	48	48	48	48	48	48	48
(음악)	256	32	32	32	32	32	32	32	32

(미술)	256	32	32	32	32	32	32	32	32
(체육)	256	32	32	32	32	32	32	32	32
(도덕)	-	-	-	-	-	-	-	-	-
필수과목 시수총계	5264	608	608	608	688	688	688	688	688
선택과목 시수총계	768	96	96	96	96	96	96	96	96

※ ( )는 선택 과목

　모든 과목의 '1 이수 시수'는 20분이다. 단, 독서는 '1 이수 시수'가 1시간이다.

중등 교육과정 편성

중등 교육과정 편성은 다음과 같다.

교과 과목	이수 시수	1학년		2학년		3학년	
		1학기	2학기	1학기	2학기	1학기	2학기
독서	480	80	80	80	80	80	80
국어	480	80	80	80	80	80	80
국어 일기	96	16	16	16	16	16	16
국어 말하기	96	16	16	16	16	16	16
영어	1248	208	208	208	208	208	208
영어 읽기	192	32	32	32	32	32	32
수학	1152	192	192	192	192	192	192
사회	192	32	32	32	32	32	32
과학	288	48	48	48	48	48	48

(음악)	192	32	32	32	32	32	32
(미술)	192	32	32	32	32	32	32
(체육)	192	32	32	32	32	32	32
(도덕)	-	-	-	-	-	-	-
필수과목 시수총계	4224	704	704	704	704	704	704
선택과목 시수총계	576	96	96	96	96	96	96

※ ( )는 선택 과목

모든 과목의 '1 이수 시수'는 30분이다. 단, 독서는 '1 이수 시수'가 1시간이다.

고등 교육과정 편성

고등 교육과정 편성은 다음과 같다.

교과과목	이수 시수	1학년		2학년		3학년	
		1학기	2학기	1학기	2학기	1학기	2학기
독서	480	80	80	80	80	80	80
국어	480	80	80	80	80	80	80
국어 일기	192	32	32	32	32	32	32
국어 말하기	96	16	16	16	16	16	16
영어	1248	208	208	208	208	208	208
영어 읽기	160	32	32	32	32	16	16
말하기	32	-	-	-	-	16	16
수학	1152	192	192	192	192	192	192

사회	352	48	48	48	48	80	80
과학	416	64	64	64	64	80	80
한국사	192	48	48	48	48	-	-
(음악)	192	32	32	32	32	32	32
(미술)	192	32	32	32	32	32	32
(체육)	192	32	32	32	32	32	32
(도덕)	-	-	-	-	-	-	-
필수과목 시수총계	4800	800	800	800	800	800	800
선택과목 시수총계	576	96	96	96	96	96	96

※ ( )는 선택 과목

　　모든 과목의 '1 이수 시수'는 30분이다. 단, 독서는 '1 이수 시수'가 1시간이다.

커리큘럼

커리큘럼은 국어, 영어, 수학, 사회, 과학, 한국사 과목에 대해서만 확인한다. 왜냐하면 검정고시와 대학수학능력시험의 기본이 되는 과목이기 때문이다. 커리큘럼은 순수하게 오직 학습에 관한 것이다. 나이를 기준으로 홈스쿨링의 커리큘럼 및 시간표에 대해 알아보자.

10살(초3) 1~4월

초등학교 3학년, 10살에 홈스쿨링을 본격적으로 시작한다. 1년 3학기제를 하기 때문에 10살이 되는 해 1월부터 커리큘럼이 시작된다. 1, 2, 3, 4월에 3학년 1학기 과정을 학습하며 커리큘럼과 시간표는 다음과 같다.

과목	분류	분	1월	2월	3월	4월
독서	전 분야	60+	매일	매일	매일	매일
	국어 일기		주1회	주1회	주1회	주1회
	영어동화 읽어주기			주2회	주2회	주2회
국어	문제집 1	20	매일	매일	매일	매일
영어	동화 듣기	40	매일	매일	매일	매일
수학	연산문제집	20	주2회	주2회	주2회	주2회
	문제집 1	40	매일	매일	-	-
	문제집 2		-	-	매일	매일
사회	문제집 1	20	주2회	주2회	주2회	주2회
과학	문제집 1	20	주3회	주3회	주3회	주3회

아이도, 부모도 홈스쿨링은 처음이기 때문에 첫 한 달은 부모가 수업 준비를 하고, 아이와 함께 수업하는 것이 좋다. 물론 아이가 잘한다면 굳이 한 달을 채울 필요는 없다. 아이의 상황에 따라 시간은 조정하면 된다. 부모는 아이가 잘 적응하도록 충실히 도와주면 된다.

시간표

교시	시간	월	화	수	목	금
1교시	09:	수학문제집	수학문제집	수학문제집	수학문제집	수학문제집
2교시	30	영어동화 듣기	영어동화 듣기	영어동화 듣기	영어동화 듣기	영어동화 듣기
3교시	10:	국어문제집	국어문제집	국어문제집	국어문제집	국어문제집
4교시	30	수학문제집	수학 연산문제집	수학문제집	수학 연산문제집	수학문제집

5교시	11:	영어동화 듣기	영어동화 듣기	영어동화 듣기	영어동화 듣기	영어동화 듣기
6교시	30	과학문제집	사회문제집	과학문제집	사회문제집	과학문제집
독서	20:00~ 21:00 (22:00)	독서 영어동화 읽어주기	독서	독서 국어 일기	독서 영어동화 읽어주기	독서

1일 수업시간은 쉬는 시간을 포함하여 3시간이다. 20분 학습하고 10분 쉬기 때문에 실제로 아이가 학습하는 시간은 2시간에 불과하다. 처음 홈스쿨링을 시작하기 때문에 수업시간은 조금 적지만 온전히 집중하는 데 중점을 둔다. 과목별로 보면 수학과 영어는 일 2회 40분, 국어는 일 1회 20분을 학습한다. 사회와 과학은 주 2회와 주 3회 20분씩 학습한다. 아이와 부모가 보기에 학습량이 적다고 느낄지 모르겠지만, 실제 성과로 보면 학교에 다닐 때보다 더 많은 양을 소화한다. 그러므로 걱정할 필요 없다.

확인사항

독서 기본적으로 수업시간에 포함되지 않는다. 독서는 수업시간을 제외하고 아이가 원하는 어떤 시간에 해도 상관없다. 일반적으로 목욕과 저녁식사 그리고 TV 시청이 끝나는 시간인 저녁 8시부터 최대 2시간 정도를 하는 것이 좋다. 어떤 책이든 상관없지만 나이에 맞는 글밥이 있는 책을 권장한다.

영어동화 듣기　영어 학습의 시작이고 끝이다. 즉, 가장 중요한 과정이다. 영어는 아이가 처음 배우는 과목이기 때문에 부모는 영어동화를 듣기 전에 기초 학습이 필요하다고 생각할지 모른다. 예를 들면 알파벳이나 파닉스 등을 떠올린다. 하지만 기초 학습은 필요하지 않다. 필요하지 않을 뿐만 아니라 절대로 해서는 안 된다. 기초 학습 자체가 아이에게 스트레스를 주기 때문이다. 영어를 처음 시작할 때 아이가 자연스럽게 받아들이도록 하는 것이 중요하다. 그러므로 영어를 독서의 연장 개념으로 인식해야 한다.

일반적으로 아동도서를 세트로 구입하면 영어로 된 명작 동화가 포함되어 있다. 『아기 돼지 삼형제』나 『개미와 베짱이』같이 아이가 잘 아는 동화부터 『피리 부는 남자』나 『행복한 왕자』 같은 조금 생소한 동화까지 다양하다. 어떠한 동화라도 상관없다. 내용에 상관없이 영어의 수준은 비슷하기 때문이다.

영어동화 듣기는 영어 동화책을 눈으로 보면서 영어 DVD를 듣는다. 아이는 효과음을 통해 어떤 내용이 진행되고 있는지 알 수 있다. 그러므로 부모가 일일이 어떤 장면인지, 지금 무슨 말을 하고 있는지 알려줄 필요는 없다. 시간이 지나면 다 알게 된다. 참고로 영어동화는 내용이 짧기 때문에 20분이면 보통 4권 정도 듣는다. 즉, 아이는 1학기 4개월 동안 640권(번) 정도를 넘게 듣는다. 그러므로 부모는 아이가 그저 동화에 빠져 재미있게 들을 수 있도록 지도만 하면 된다.

영어동화 읽어주기　홈스쿨링에서 부모가 해주어야 하는 몇 가지 일들 중 하나이다. 말 그대로 현재 듣고 있는 영어 동화책을 일주일에 2번, 1권

씩만 영어와 우리말로 읽어주면 된다. 1권을 읽는 데 보통 20분 정도 걸린다. 그 시간을 통해 아이는 동화책이 무슨 내용인지, 이 문장이 무슨 내용인지, 이 단어가 어떤 뜻인지 등을 알게 된다. 하지만 아이가 외우는 것은 아니다. 아이는 부모가 읽어줄 때 잠시 동안 영어의 뜻을 알지만 얼마 지나지 않아 그저 잊어버린다. 이 과정을 통해 영어와 좀 더 친숙해질 수 있다.

영어동화 읽어주기는 독서 시간에 부모가 가볍게 읽어주는 것을 말한다. 절대로 공부하는 시간이 되어서는 안 된다. 너무 많은 것을 알려주려고 해서도 안 된다. 몰라도 전혀 상관없다. 내가 첫째와 둘째 아이에게 영어동화를 읽어주면, 아직 홈스쿨링을 하지 않는 셋째 아이도 다가와 같이 듣는다. 그저 아빠가 책을 읽어주는 시간이 즐겁기 때문이다.

국어 일기 일주일에 1번 요일을 정해서 쓰거나 아이가 특별한 감정을 느낀 날에 쓰면 된다. 부모는 앞서 6장 「과목별 학습방법」에서 소개한 내용 중 '표현력의 대가, 일기'를 참고하여 아이에게 일기 쓰는 방법을 알려주면 된다. 아이가 최선을 다해 일기를 썼다면 그에 대해 긍정적인 반응을 보여준다. 그래야 아이는 일기 속에 자신의 감정을 더 많이 표현한다.

수업 종료시간 11시 50분이다. 앞으로 1년 동안, 즉 3학기 동안 동일한 시간에 수업이 끝난다.

토요일도 홈스쿨링을 하나요?

토요일에는 홈스쿨링을 하지 않는다. 시간표를 봐도 토요일에는 일정이 없다. 더군다나 토요일은 프로젝트를 수행하는 시간이다. 경우에 따라 프로젝트를 수행하지 않거나 보충수업이 필요한 경우에는 토요일에도 홈스쿨링을 할 수 있다.

학교에 다니는 아이는 지쳐서 토요일에 무조건 쉬려고만 할 것이다. 하지만 홈스쿨링을 하는 아이는 스트레스가 적기 때문에 냉정하게 말하면 쉴 필요가 없다. 아이가 학습에 대한 욕심이 있어 공부하기를 원하면 해도 된다. 또는 어떠한 이유 때문에 커리큘럼의 분량이 밀렸을 경우 아이와 대화를 나눈 뒤 토요일에도 홈스쿨링을 할 수 있다.

10살(초3) 5~8월

4달 만에 3학년 1학기를 마쳤다. 이제 5월부터 8월까지 3학년 2학기 과정을 학습한다. 학습 커리큘럼과 시간표는 이전과 동일하다. 아직은 아이가 홈스쿨링에 적응하는 시기이고, 아이에게 더 많은 자유시간을 주기 위해서이다.

과목	분류	분	5월	6월	7월	8월
독서	전 분야	60+	매일	매일	매일	매일
	국어 일기		주1회	주1회	주1회	주1회
	영어동화 읽어주기		주2회	주2회	주2회	주2회
국어	문제집 1	20	매일	매일	매일	매일
영어	동화 듣기	40	매일	매일	매일	매일
수학	연산문제집	20	주2회	주2회	주2회	주2회
	문제집 1	20	매일	매일	-	-
	문제집 2	~40	-	-	매일	매일
사회	문제집 1	20	주2회	주2회	주2회	주2회
과학	문제집 1	20	주3회	주3회	주3회	주3회

시간표

교시	시간	월	화	수	목	금
1교시	09:	수학문제집	수학문제집	수학문제집	수학문제집	수학문제집
2교시	30	영어동화 듣기	영어동화 듣기	영어동화 듣기	영어동화 듣기	영어동화 듣기
3교시	10:	국어문제집	국어문제집	국어문제집	국어문제집	국어문제집
4교시	30	수학문제집	수학 연산문제집	수학문제집	수학 연산문제집	수학문제집
5교시	11:	영어동화 듣기	영어동화 듣기	영어동화 듣기	영어동화 듣기	영어동화 듣기
6교시	30	과학문제집	사회문제집	과학문제집	사회문제집	과학문제집
독서	20:00~ 21:00 (22:00)	독서 / 영어동화 읽어주기	독서	독서 / 국어 일기	독서 / 영어동화 읽어주기	독서

영어동화 듣기 4개월 정도 하면 아이는 들리는 문장이 무슨 내용인지를 대략 알 수 있는 수준이 된다. 만약 아이가 지루해하지 않는다면 같은 동화로 4개월을 더 들어도 좋다. 하지만 아이가 지루해한다면 동화 듣기 교재를 바꾸어도 좋다. 이때 더 어려운 수준으로 바꾸지는 않고, 같은 수준으로 바꾼다. 그러므로 동화 듣기 교재를 바꿀 때는 다른 출판사의 영어동화 전집을 구입하는 것이 좋다. 같은 내용이지만 구성과 문장이 다르기 때문에 아이는 새롭게 느끼면서도 어렵지 않게 들을 수 있다.

10살(초3) 9~12월

학교를 다니는 아이는 3학년 2학기를 시작하는 시기이다. 하지만 홈스쿨링을 하는 아이는 단 8달 만에 3학년 전체 과정을 마쳤다. 그리고 9, 10, 11, 12월에 4학년 1학기 과정을 학습한다. 학습 커리큘럼과 시간표는 이전과 동일하다.

과목	분류	분	9월	10월	11월	12월
독서	전 분야	60+	매일	매일	매일	매일
	국어 일기		주1회	주1회	주1회	주1회
	영어동화 읽어주기		주2회	주2회	주2회	주2회
국어	문제집 1	20	매일	매일	매일	매일
영어	동화 듣기	40	매일	매일	매일	매일

			월	화	수	목
수학	연산문제집	20	주2회	주2회	주2회	주2회
	문제집 1	20	매일	매일	-	-
	문제집 2	~40	-	-	매일	매일
사회	문제집 1	20	주2회	주2회	주2회	주2회
과학	문제집 1	20	주3회	주3회	주3회	주3회

시간표

교시	시간	월	화	수	목	금
1교시	09:	수학문제집	수학문제집	수학문제집	수학문제집	수학문제집
2교시	30	영어동화 듣기	영어동화 듣기	영어동화 듣기	영어동화 듣기	영어동화 듣기
3교시	10:	국어문제집	국어문제집	국어문제집	국어문제집	국어문제집
4교시	30	수학문제집	수학 연산문제집	수학문제집	수학 연산문제집	수학문제집
5교시	11:	영어동화 듣기	영어동화 듣기	영어동화 듣기	영어동화 듣기	영어동화 듣기
6교시	30	과학문제집	사회문제집	과학문제집	사회문제집	과학문제집
독서	20:00~ 21:00 (22:00)	독서 영어동화 읽어주기	독서	독서 국어 일기	독서 영어동화 읽어주기	독서

11살(초4) 1~4월

홈스쿨링을 시작하고 1년이 지난 시점부터는 커리큘럼에 변화가 있다.

1년차에는 6교시까지 진행했지만, 2년차부터는 7교시로 진행한다. 중등 과정을 마칠 때까지 7교시를 유지한다. 1, 2, 3, 4월에 4학년 2학기 과정을 학습한다.

과목	분류	분	1월	2월	3월	4월
독서	전 분야	60+	매일	매일	매일	매일
	국어 일기		주1회	주1회	주1회	주1회
	영어동화 읽어주기		주2회	주2회	주2회	주2회
국어	문제집 1	20	매일	매일	매일	매일
영어	동화 듣기	40	매일	매일	매일	매일
	파닉스	20	매일	매일	매일	매일
수학	연산문제집	20	주2회	주2회	주2회	주2회
	문제집 1	20 ~40	매일	매일	-	-
	문제집 2		-	-	매일	매일
사회	문제집 1	20	주2회	주2회	주2회	주2회
과학	문제집 1	20	주3회	주3회	주3회	주3회

시간표

1년차 때의 시간표와 다른 점은 단 한 가지, 영어 수업이 1교시 늘었다는 점이다.

교시	시간	월	화	수	목	금
1교시	09:	수학문제집	수학문제집	수학문제집	수학문제집	수학문제집

2교시	30	영어동화 듣기	영어동화 듣기	영어동화 듣기	영어동화 듣기	영어동화 듣기
3교시	10:	국어문제집	국어문제집	국어문제집	국어문제집	국어문제집
4교시	30	수학문제집	수학 연산문제집	수학문제집	수학 연산문제집	수학문제집
5교시	11:	영어동화 듣기	영어동화 듣기	영어동화 듣기	영어동화 듣기	영어동화 듣기
6교시	30	과학문제집	사회문제집	과학문제집	사회문제집	과학문제집
7교시	12:	영어 파닉스	영어 파닉스	영어 파닉스	영어 파닉스	영어 파닉스
독서	20:00~ 21:00 (22:00)	독서 영어동화 읽어주기	독서	독서 국어 일기	독서 영어동화 읽어주기	독서

확인사항

파닉스 영어동화 듣기를 통해 흐릿하게 알게 된 영어에 선을 긋는 과정이다. 파닉스를 시작하기 전에 알파벳을 먼저 정확히 아는 것이 필요하다. 아이는 1년간 영어를 경험하면서 알파벳에 대해 조금 익숙해졌을 것이다. 이제는 알파벳 대문자와 소문자를 모두 정확히 읽고 쓸 수 있어야 한다.

알파벳을 마치면 원어민의 발음 DVD가 포함된 파닉스 교재를 구입한다. 그리고 아이는 DVD를 들으며 학습한다. 4개월 동안 천천히 하루하루 조금씩 반복해서 학습하면 된다. 하지만 외울 필요는 없다. 자연스럽게 A가 일반적으로 '애'로 발음된다는 사실을 인식하면 된다. 그리고 반복을 통해 A가 '에이'나 '어'로도 발음되는 경우가 있다는 사실을 알면 된다.

그렇게 알파벳의 모든 발음을 익히고, 해당하는 알파벳으로 시작되는 단어를 실제로 발음해보며 학습하면 된다. 어느 정도 배웠으면 익숙해지기 위해 단어를 풀어서 발음을 적어보자. 예를 들어 ant(개미)의 경우 a는 '애' 발음, n은 'ㄴ' 발음, t는 'ㅌ' 발음이 난다. 합치면 '앤ㅌ'로 발음된다. '앤트'로 발음되지 않는다. 이처럼 단어를 풀어서 발음을 적으면 아이가 파닉스를 익히는 데 도움이 된다. 또 정확한 단어의 발음을 아는 데도 도움이 된다.

참고로 말하면 발음기호는 배울 필요가 없다. 요즘에도 발음기호를 표현하는 책이 있다. 과거에는 발음기호를 따로 배우기도 했지만 쓸데없는 일이다. 괜히 아이에게 또 다른 외울거리만 만들어준다. 그저 같은 알파벳도 다르게 발음할 수 있음을 알면 된다. 그리고 단어를 익혀가면서 더 정확한 발음을 알면 된다.

수업 종료시간 12시 20분이다. 중학교 과정이 시작되기 전인 1년 8개월 동안, 즉 5학기 동안 동일한 시간에 수업이 끝난다.

11살(초4) 5~8월

5, 6, 7, 8월에 5학년 1학기 과정을 학습한다. 홈스쿨링을 시작한 지 1년 4개월 만에 1살 위인 5학년과 학습 진도가 비슷해진다.

과목	분류	분	5월	6월	7월	8월
독서	전 분야	60+	매일	매일	매일	매일
	국어 일기		주1회	주1회	주1회	주1회
	영어동화 읽기		주2회	주2회	주2회	주2회
국어	문제집 1	20	매일	매일	매일	매일
영어	동화 듣기	40	매일	매일	매일	매일
	단어 읽기	20	매일	매일	매일	매일
수학	연산문제집	20	주2회	주2회	주2회	주2회
	문제집 1	20~40	매일	매일	–	–
	문제집 2		–	–	매일	매일
사회	문제집 1	20	주2회	주2회	주2회	주2회
과학	문제집 1	20	주3회	주3회	주3회	주3회

시간표

교시	시간	월	화	수	목	금
1교시	09:	수학문제집	수학문제집	수학문제집	수학문제집	수학문제집
2교시	30	영어동화 듣기	영어동화 듣기	영어동화 듣기	영어동화 듣기	영어동화 듣기
3교시	10:	국어문제집	국어문제집	국어문제집	국어문제집	국어문제집
4교시	30	수학문제집	수학 연산문제집	수학문제집	수학 연산문제집	수학문제집
5교시	11:	영어동화 듣기	영어동화 듣기	영어동화 듣기	영어동화 듣기	영어동화 듣기
6교시	30	과학문제집	사회문제집	과학문제집	사회문제집	과학문제집
7교시	12:	영어단어 읽기	영어단어 읽기	영어단어 읽기	영어단어 읽기	영어단어 읽기

독서	20:00~ 21:00 (22:00)	독서	독서	독서	독서	독서
		영어동화 읽기		국어 일기	영어동화 읽기	

확인사항

영어단어 읽기　파닉스의 연장이다. 파닉스를 배웠다고 해도 아이가 바로 영어를 발음할 수는 없다. 왜냐하면 영어 단어가 눈에 들어오지 않기 때문이다. 기타 코드를 안다고 해서 바로 기타 코드를 잡을 수 없는 것과 같다. 눈으로 단어의 철자가 자연스럽게 들어오고, 입으로 단어의 철자가 자연스럽게 나가기 위해서는 훈련이 필요하다.

　DVD가 있는 어린이용 영어 단어장을 구입한다. 그리고 영어 단어를 읽어본다. 아이가 파닉스에서 배운 내용을 기억하고 그에 따라 발음을 뱉어보면 된다. 발음이 정확하지 않은 건 상관없다. 단어를 보고 발음을 시도해보는 것이 중요하다. 만약 잘 되지 않는다면 단어를 풀어서 발음해보자.

　그러고 나서 DVD를 통해 아이 스스로가 자신의 발음을 확인해본다. 이때 아이는 실제 자신이 한 발음과의 차이를 크게 느낄 것이다. 왜냐하면 원어민의 발음이기 때문이다. 조금씩 원어민의 발음과 가까운 발음을 하기 위해 노력하면 된다.

영어동화 읽기　영어동화 읽어주기 시간의 연장이다. 아이는 1년 4개월 동안 영어동화 듣기와 영어동화 읽어주기 시간을 가졌다. 동일한 영어동화를 들었을 수도 있고, 다양한 영어동화를 들었을 수도 있다. 그중에 가장 익숙한 영어동화를 선정한다. 그리고 소리 내어 읽는다. 읽다가 발음을 모르는 것이 있다면 부모가 도와주면 된다. 부모가 먼저 읽고 아이가 따라서 읽는 것도 한 방법이다. 아이는 제법 긴 시간 동안 영어동화를 들었기 때문에 부모가 도와주면 쉽게 읽을 수 있다. 영어동화 읽기에서 발음은 중요하지 않다. 영어동화를 눈으로 보고 읽을 수 있는지가 중요하다. 아이가 부모의 도움 없이도 잘 읽게 되면 아이 스스로 DVD를 들으며 원어민의 발음을 따라할 수 있도록 지도하면 된다.

11살(초4) 9~12월

9, 10, 11, 12월에 5학년 2학기 과정을 학습한다.

과목	분류	분	9월	10월	11월	12월
독서	전 분야	60+	매일	매일	매일	매일
	국어 일기		주1회	주1회	주1회	주1회
	영어동화 읽기		주2회	주2회	주2회	주2회
국어	문제집 1	20	매일	매일	매일	매일
영어	동화 듣기	40	매일	매일	매일	매일
	단어 듣기	20	매일	매일	매일	매일
수학	연산문제집	20	주2회	주2회	주2회	주2회
	문제집 1	20~40	매일	매일	–	–
	문제집 2		–	–	매일	매일
사회	문제집 1	20	주2회	주2회	주2회	주2회
과학	문제집 1	20	주3회	주3회	주3회	주3회

교시	시간	월	화	수	목	금
1교시	09:	수학문제집	수학문제집	수학문제집	수학문제집	수학문제집
2교시	30	영어동화 듣기	영어동화 듣기	영어동화 듣기	영어동화 듣기	영어동화 듣기
3교시	10:	국어문제집	국어문제집	국어문제집	국어문제집	국어문제집
4교시	30	수학문제집	수학 연산문제집	수학문제집	수학 연산문제집	수학문제집
5교시	11:	영어동화 듣기	영어동화 듣기	영어동화 듣기	영어동화 듣기	영어동화 듣기
6교시	30	과학문제집	사회문제집	과학문제집	사회문제집	과학문제집
7교시	12:	영어단어 듣기	영어단어 듣기	영어단어 듣기	영어단어 듣기	영어단어 듣기
독서	20:00~ 21:00 (22:00)	독서 영어동화 읽기	독서	독서 국어 일기	독서 영어동화 읽기	독서

확인사항

영어단어 듣기   영어단어 읽기와 비슷하다. 차이점은 이미 파닉스에 익숙해졌다는 것을 전제로 한다는 점이다. 또한 영어단어 듣기는 영어 듣기와 비슷하다. 영어단어는 수없이 많다. 그리고 영어단어를 외우면 당연히 영어에 도움이 된다. 하지만 영어단어를 단순히 외우려고 하면 머리가 아프다. 그렇기 때문에 영어단어도 듣기로 접근해야 한다. 결코 영어단어를 외우는 것이 아니다. 영어를 듣고, 읽는 등 끊임없이 영어단어를 접하면서 자연스럽게 외워지는 것이다. 외워도 까먹을 것을 외우느라 스트레스 받을 필요가 없다. 그저 지금 이 순간 알고 넘어가면 된다.

12살(초5) 1~4월

이제 홈스쿨링 3년차이다. 아이도 홈스쿨링에 익숙해진 시기이다. 1, 2, 3, 4월에 6학년 1학기 과정을 학습한다.

과목	분류	분	1월	2월	3월	4월
독서	전 분야	60+	매일	매일	매일	매일
	국어 일기		주1회	주1회	주1회	주1회
	영어 읽기		주2회	주2회	주2회	주2회
국어	문제집 1	20	매일	매일	매일	매일
영어	듣기	40	매일	매일	매일	매일
	문제집 1	20	매일	매일	매일	매일
수학	연산문제집	20	주2회	주2회	주2회	주2회
	문제집 1	20~40	매일	매일	-	-
	문제집 2		-	-	매일	매일
사회	문제집 1	20	주2회	주2회	주2회	주2회
과학	문제집 1	20	주3회	주3회	주3회	주3회

교시	시간	월	화	수	목	금
1교시	09:	수학문제집	수학문제집	수학문제집	수학문제집	수학문제집
2교시	30	영어동화 듣기	영어동화 듣기	영어동화 듣기	영어동화 듣기	영어동화 듣기
3교시	10:	국어문제집	국어문제집	국어문제집	국어문제집	국어문제집
4교시	30	수학문제집	수학 연산문제집	수학문제집	수학 연산문제집	수학문제집
5교시	11:	영어동화 듣기	영어동화 듣기	영어동화 듣기	영어동화 듣기	영어동화 듣기
6교시	30	과학문제집	사회문제집	과학문제집	사회문제집	과학문제집
7교시	12:	영어문제집	영어문제집	영어문제집	영어문제집	영어문제집
독서	20:00~ 21:0 (22:00)	독서 영어 읽기	독서	독서 국어 일기	독서 영어 읽기	독서

영어 듣기   더 이상 영어동화 듣기가 아니다. 아이는 2년 동안 영어동화 듣기와 파닉스 등을 통해 영어의 기초를 잡았다. 이제 아이는 영어를 본격적으로 공부할 준비가 되었다. 다양한 듣기 자료를 통해 영어 듣기를 진행하면 된다. 듣기 자료는 영어 듣기 문제집의 듣기 자료도 좋고, 영어 오디오북도 좋다. 다양한 주제나 관심 분야에 대한 영어 자료면 된다. 가급적이면 반복해서 들을 수 있도록 DVD로 제작된 자료를 권장한다.

영어문제집   구입할 실력이 되었다. 아이와 함께 서점에 가서 아이의 실력에 맞는 영어문제집을 구입하면 된다. 개인적으로는 기초를 더욱 단단히 다지는 의미에서 3학년 문제집부터 풀 것을 권장한다. 2년간 영어 실력을 다진 아이의 입장에서 3학년 문제집은 쉽게 느껴질 수 있다. 그러므로 최대한 빠르게 푼다면 중학교 과정을 시작하기 전에 다른 과목의 학습 진도와 맞출 수 있다.

영어 읽기　영어 듣기 자료 중 가장 익숙하고 자신 있는 내용을 읽으면 된다. 잘 읽는 수준이 되면 DVD를 들으며 원어민의 발음을 따라할 수 있도록 노력해야 한다.

12살(초5) 5~8월

이제 초등학교 과정도 1학기만 남겨두고 있다. 5, 6, 7, 8월에 6학년 2학기 과정을 학습한다. 참고로 8월에는 초등 졸업 검정고시가 있다.

과목	분류	분	5월	6월	7월	8월
독서	전 분야	60+	매일	매일	매일	매일
	국어 일기		주1회	주1회	주1회	주1회
	영어 읽기		주2회	주2회	주2회	주2회
국어	문제집 1	20	매일	매일	매일	매일
영어	듣기	40	매일	매일	매일	매일
	문제집 1	20	매일	매일	매일	매일
수학	연산문제집	20	주2회	주2회	주2회	주2회
	문제집 1	20~40	매일	매일	-	-
	문제집 2		-	-	매일	매일

| 사회 | 문제집 1 | 20 | 주2회 | 주2회 | 주2회 | 주2회 |
| 과학 | 문제집 1 | 20 | 주3회 | 주3회 | 주3회 | 주3회 |

시간표

교시	시간	월	화	수	목	금
1교시	09:	수학문제집	수학문제집	수학문제집	수학문제집	수학문제집
2교시	30	영어 듣기	영어 듣기	영어 듣기	영어 듣기	영어 듣기
3교시	10:	국어문제집	국어문제집	국어문제집	국어문제집	국어문제집
4교시	30	수학문제집	수학 연산문제집	수학문제집	수학 연산문제집	수학문제집
5교시	11:	영어 듣기	영어 듣기	영어 듣기	영어 듣기	영어 듣기
6교시	30	과학문제집	사회문제집	과학문제집	사회문제집	과학문제집
7교시	12:	영어문제집	영어문제집	영어문제집	영어문제집	영어문제집
독서	20:00~ 21:00 (22:00)	독서 영어 읽기	독서	독서 국어 일기	독서 영어 읽기	독서

검정고시는 아무 때나!

검정고시는 필요한 시기에 시험을 보면 된다. 절대로 서두를 필요는 없다. 이미 아이는 초등학교를 졸업할 만한 실력을 충분히 갖추었다. 경우에 따라 초등학생만 응시해야 하는 시험이나 공모전이 있기 때문에 그 시기를 확인한 후 검정고시를 봐도 된다. 즉, 초등학생으로서 누려야 할 것을 다 누린 다음 시험을 보면 된다. 더군다나 초졸, 중졸, 고졸 검정고시는 이어서 볼 수 있기 때문에 굳이 초등 졸업 검정고시를 미리 볼 필요는 없다.

시험 준비

시험 준비를 하기 위해서는 검정고시 문제집을 풀어야 한다. 하지만 기본 커리큘럼에 들어가지 않는다. 왜냐하면 시험 준비는 개인의 학습 상태에 따라 다르고, 목표에 따라 다르기 때문이다. 일반적으로 커리큘럼을 성실히 이행했다면 여유 있게 합격할 수 있는 수준이다. 만약 시험 준비를 하기 원하면 평일 오후 시간이나 토요일 같은 여유시간을 활용해서 시험 준비를 하면 된다.

합격만큼 점수가 중요할 수도 있다

사실 검정고시는 합격만 해도 된다. 왜냐하면 우리는 비교내신을 적용하는 수시가 아닌, 대학수학능력시험을 통해 대학에 가는 정시에 응시하기 때문이다. 하지만 대학입시는 수시로 변경된다. 또한 대학에 따라 어쩔 수 없이 검정고시 성적에 따른 비교내신을 받아야 할 때도 있다. 그러므로 개인 실력 향상을 겸해 검정고시를 충실하게 준비할 필요가 있다. 참고로 시험 시기를 조금 늦추는 방법만으로도 고득점을 받기가 더 수월해진다.

12살(초5) 9~12월

중학교 학습 과정이 시작된다. 중학교 학습 과정부터는 수업시간이 30분으로 변경된다. 학습 내용이 점점 어려워져 20분 내로 학습을 완료할 수 없기 때문이다. 그 외에 다른 건 없다. 중학교 과정이 어려워지더라도 모든 학습의 기본은 독서이므로 수학 말고는 걱정할 필요가 없다. 수학 역시도 꾸준히 단계별로 성장했기 때문에 어려움은 없다. 9, 10, 11, 12월에 중학교 1학년 1학기 과정을 학습한다.

과목	분류	분	9월	10월	11월	12월
독서	전 분야	60+	매일	매일	매일	매일
	국어 일기		주1회	주1회	주1회	주1회
	국어 말하기		주1회	주1회	주1회	주1회
	영어 읽기		주2회	주2회	주2회	주2회
국어	문제집 1	30	매일	매일	매일	매일
영어	듣기	30~60	매일	매일	매일	매일
	문제집 1	30	매일	매일	매일	매일
수학	연산문제집	30	주2회	주2회	주2회	주2회
	문제집 1	60	매일	매일	-	-
	문제집 2		-	-	매일	매일
사회	문제집 1	30	주2회	주2회	주2회	주2회
과학	문제집 1	30	주3회	주3회	주3회	주3회

교시	시간	월	화	수	목	금
1교시	09:00	수학문제집	수학문제집	수학문제집	수학문제집	수학문제집
2교시	09:40	영어 듣기	영어 듣기	영어 듣기	영어 듣기	영어 듣기
3교시	10:20	국어문제집	국어문제집	국어문제집	국어문제집	국어문제집
4교시	11:00	수학문제집	수학문제집	수학문제집	수학문제집	수학문제집
5교시	11:40	영어문제집	영어문제집	영어문제집	영어문제집	영어문제집
6교시	12:20	과학문제집	사회문제집	과학문제집	사회문제집	과학문제집
7교시	13:00	영어 듣기	수학 연산문제집	영어 듣기	수학 연산문제집	영어 듣기
독서	20:00~ 21:00 (22:00)	독서	독서	독서	독서	독서
		영어 읽기	국어 일기	국어 말하기	영어 읽기	

확인사항

국어 말하기 독서한 내용을 입으로 말한다. 책을 보지 않고 머릿속에서 정리한 다음 말하면 된다. 하지만 막상 말하려고 하면 기억도 나지 않고, 정리도 되지 않는다. 그때는 일부 내용을 간단히 적어둔 다음 보고 말하는 것도 좋다. 국어 말하기는 매우 중요하다. 스스로 독서한 내용을 누군가에게 설명할 수 있다면 독서를 온전히 했다는 의미이기 때문이다. 그러므로 이 시간을 자주 가지면 좋다. 아이는 국어 말하기 시간을 통해 자연스럽게 발표력과 표현력을 기를 수 있다.

수업 종료시간 1시 30분이다. 고등학교 과정이 시작되기 전인 2년 동안, 즉 6학기 동안 동일한 시간에 수업이 종료된다.

13살(초6) 1~4월

1, 2, 3, 4월에 중학교 1학년 2학기 과정을 학습한다.

과목	분류	분	1월	2월	3월	4월
독서	전 분야	60+	매일	매일	매일	매일
	국어 일기		주1회	주1회	주1회	주1회
	국어 말하기		주1회	주1회	주1회	주1회
	영어 읽기		주2회	주2회	주2회	주2회
국어	문제집 1	30	매일	매일	매일	매일
영어	듣기	30~60	매일	매일	매일	매일
	문제집 1	30	매일	매일	매일	매일
수학	연산문제집	30	주2회	주2회	주2회	주2회
	문제집 1	60	매일	매일	-	-
	문제집 2		-	-	매일	매일
사회	문제집 1	30	주2회	주2회	주2회	주2회
과학	문제집 1	30	주3회	주3회	주3회	주3회

시간표

교시	시간	월	화	수	목	금
1교시	09:00	수학문제집	수학문제집	수학문제집	수학문제집	수학문제집
2교시	09:40	영어 듣기	영어 듣기	영어 듣기	영어 듣기	영어 듣기
3교시	10:20	국어문제집	국어문제집	국어문제집	국어문제집	국어문제집
4교시	11:00	수학문제집	수학문제집	수학문제집	수학문제집	수학문제집

5교시	11:40	영어문제집	영어문제집	영어문제집	영어문제집	영어문제집
6교시	12:20	과학문제집	사회문제집	과학문제집	사회문제집	과학문제집
7교시	13:00	영어 듣기	수학 연산문제집	영어 듣기	수학 연산문제집	영어 듣기
독서	20:00~ 21:00 (22:00)	독서	독서	독서	독서	독서
		영어 읽기	국어 일기	국어 말하기	영어 읽기	

인강에 대하여

공부는 스스로 하는 것이 좋다. 하지만 중등 과정에 들어가면 학습에 어려움을 느낄 수 있다. 그때 인강(인터넷 강의)을 활용하는 것도 좋은 방법이다. 어느 정도 검증된 인강의 경우 강사의 교수법 자체가 탁월하다고 볼 수 있기 때문에 충분히 도움을 받을 수 있다.

하지만 인강은 양날의 검이다. 그러므로 인강을 활용할 때는 신중해야 한다. 왜냐하면 아이가 인강에 푹 빠지는 경우가 있기 때문이다. 아이 입장에서는 인강을 보면 편하다. 또한 공부를 많이 한 듯한 포만감도 느낀다. 부모 입장에서도 인강을 보고 있는 아이를 보면 열심히 공부하고 있다는 생각이 든다.

그렇지만 아닌 경우도 분명히 있다. 아이가 스스로 집중력을 가지고 인강을 보지 않는다면 시간만 때우는 것일 수 있다. 또 아이

스스로도 집중력을 가지고 공부하고 있다고 생각할지라도 실상 아닐 수 있다. 왜냐하면 강사가 하는 설명을 보고 듣기만 하면 되기 때문이다. 즉, 아이는 자연스레 생각할 기회를 잃게 된다.

그러므로 인강을 활용할 때는 2가지를 지켜야 한다. 첫째, 먼저 스스로 문제를 풀어보는 것이다. 먼저 풀어보는 과정을 통해 스스로 생각할 수 있는 기회를 얻는다. 둘째, 인강은 필요한 부분에만 활용하는 것이다. 홈스쿨링을 하게 되면 문제집의 앞부분에 있는 개념 설명만으로 문제를 푼다. 하지만 개념이 온전히 이해되지 않는 경우가 있다. 그때 인강을 활용한다. 즉, 개념 정리를 인강으로 소화하면 좋다. 개념이 온전히 자리 잡혔다면 문제 풀이를 인강으로 볼 필요는 없다. 모르는 문제가 있다면 그저 문제 풀이만으로도 충분하기 때문이다. 이처럼 인강은 분명히 필요하지만 인강을 활용할 때는 반드시 주의해야 한다. 만약 아이가 인강을 지혜롭게 활용할 수 있다면 인강만큼 좋은 도구도 없다.

13살(초6) 5~8월

5, 6, 7, 8월에 중학교 2학년 1학기 과정을 학습한다.

과목	분류	분	5월	6월	7월	8월
독서	전 분야	60+	매일	매일	매일	매일
	국어 일기		주1회	주1회	주1회	주1회
	국어 말하기		주1회	주1회	주1회	주1회
	영어 읽기		주2회	주2회	주2회	주2회
국어	문제집 1	30	매일	매일	매일	매일
영어	듣기	30~60	매일	매일	매일	매일
	문제집 1	30	매일	매일	매일	매일
수학	연산문제집	30	주2회	주2회	주2회	주2회
	문제집 1	60	매일	매일	-	-
	문제집 2		-	-	매일	매일
사회	문제집 1	30	주2회	주2회	주2회	주2회
과학	문제집 1	30	주3회	주3회	주3회	주3회

시간표

교시	시간	월	화	수	목	금
1교시	09:00	수학문제집	수학문제집	수학문제집	수학문제집	수학문제집
2교시	09:40	영어 듣기	영어 듣기	영어 듣기	영어 듣기	영어 듣기
3교시	10:20	국어문제집	국어문제집	국어문제집	국어문제집	국어문제집
4교시	11:00	수학문제집	수학문제집	수학문제집	수학문제집	수학문제집
5교시	11:40	영어문제집	영어문제집	영어문제집	영어문제집	영어문제집
6교시	12:20	과학문제집	사회문제집	과학문제집	사회문제집	과학문제집
7교시	13:00	영어 듣기	수학 연산문제집	영어 듣기	수학 연산문제집	영어 듣기
독서	20:00~ 21:00 (22:00)	독서	독서	독서	독서	독서
		영어 읽기	국어 일기	국어 말하기	영어 읽기	

13살(초6) 9~12월

9, 10, 11, 12월에 중학교 2학년 2학기 과정을 학습한다.

과목	분류	분	9월	10월	11월	12월
독서	전 분야	60+	매일	매일	매일	매일
	국어 일기		주1회	주1회	주1회	주1회
	국어 말하기		주1회	주1회	주1회	주1회
	영어 읽기		주2회	주2회	주2회	주2회
국어	문제집 1	30	매일	매일	매일	매일
영어	듣기	30~60	매일	매일	매일	매일
	문제집 1	30	매일	매일	매일	매일
수학	연산문제집	30	주2회	주2회	주2회	주2회
	문제집 1	60	매일	매일	-	-
	문제집 2		-	-	매일	매일
사회	문제집 1	30	주2회	주2회	주2회	주2회
과학	문제집 1	30	주3회	주3회	주3회	주3회

시간표

교시	시간	월	화	수	목	금
1교시	09:00	수학문제집	수학문제집	수학문제집	수학문제집	수학문제집
2교시	09:40	영어 듣기	영어 듣기	영어 듣기	영어 듣기	영어 듣기
3교시	10:20	국어문제집	국어문제집	국어문제집	국어문제집	국어문제집
4교시	11:00	수학문제집	수학문제집	수학문제집	수학문제집	수학문제집
5교시	11:40	영어문제집	영어문제집	영어문제집	영어문제집	영어문제집

6교시	12:20	과학문제집	사회문제집	과학문제집	사회문제집	과학문제집
7교시	13:00	영어 듣기	수학 연산문제집	영어 듣기	수학 연산문제집	영어 듣기
독서	20:00~ 21:00 (22:00)	독서	독서	독서	독서	독서
		영어 읽기	국어 일기	국어 말하기	영어 읽기	

14살(중1) 1~4월

그동안의 노력 끝에 2년을 앞당기는 시점이다. 학교에 다니는 14살 아이는 중학교 1학년을 시작하지만 홈스쿨링을 하는 아이는 중학교 3학년 과정을 시작한다. 1, 2, 3, 4월에 중학교 3학년 1학기 과정을 학습한다.

과목	분류	분	1월	2월	3월	4월
독서	전 분야	60+	매일	매일	매일	매일
	국어 일기		주1회	주1회	주1회	주1회
	국어 말하기		주1회	주1회	주1회	주1회
	영어 읽기		주2회	주2회	주2회	주2회
국어	문제집 1	30	매일	매일	매일	매일
영어	듣기	30~60	매일	매일	매일	매일
	문제집 1	30	매일	매일	매일	매일
수학	연산문제집	30	주2회	주2회	주2회	주2회
	문제집 1	60	매일	매일	–	–
	문제집 2		–	–	매일	매일

사회	문제집 1	30	주2회	주2회	주2회	주2회
과학	문제집 1	30	주3회	주3회	주3회	주3회

시간표

교시	시간	월	화	수	목	금
1교시	09:00	수학문제집	수학문제집	수학문제집	수학문제집	수학문제집
2교시	09:40	영어 듣기	영어 듣기	영어 듣기	영어 듣기	영어 듣기
3교시	10:20	국어문제집	국어문제집	국어문제집	국어문제집	국어문제집
4교시	11:00	수학문제집	수학문제집	수학문제집	수학문제집	수학문제집
5교시	11:40	영어문제집	영어문제집	영어문제집	영어문제집	영어문제집
6교시	12:20	과학문제집	사회문제집	과학문제집	사회문제집	과학문제집
7교시	13:00	영어 듣기	수학 연산문제집	영어 듣기	수학 연산문제집	영어 듣기
독서	20:00~ 21:00 (22:00)	독서 영어 읽기	독서 국어 일기	독서 국어 말하기	독서 영어 읽기	독서

14살(중1) 5~8월

5, 6, 7, 8월에 중학교 3학년 2학기 과정을 학습한다. 8월에는 중등 졸업 검정고시가 있다.

과목	분류	분	5월	6월	7월	8월
독서	전 분야	60+	매일	매일	매일	매일
	국어 일기		주1회	주1회	주1회	주1회
	국어 말하기		주1회	주1회	주1회	주1회
	영어 읽기		주2회	주2회	주2회	주2회
국어	문제집 1	30	매일	매일	매일	매일
영어	듣기	30~60	매일	매일	매일	매일
	문제집 1	30	매일	매일	매일	매일
수학	연산문제집	30	주2회	주2회	주2회	주2회
	문제집 1	60	매일	매일	-	-
	문제집 2		-	-	매일	매일
사회	문제집 1	30	주2회	주2회	주2회	주2회
과학	문제집 1	30	주3회	주3회	주3회	주3회

시간표

교시	시간	월	화	수	목	금
1교시	09:00	수학문제집	수학문제집	수학문제집	수학문제집	수학문제집
2교시	09:40	영어 듣기	영어 듣기	영어 듣기	영어 듣기	영어 듣기
3교시	10:20	국어문제집	국어문제집	국어문제집	국어문제집	국어문제집
4교시	11:00	수학문제집	수학문제집	수학문제집	수학문제집	수학문제집
5교시	11:40	영어문제집	영어문제집	영어문제집	영어문제집	영어문제집
6교시	12:20	과학문제집	사회문제집	과학문제집	사회문제집	과학문제집
7교시	13:00	영어 듣기	수학 연산문제집	영어 듣기	수학 연산문제집	영어 듣기
독서	20:00~ 21:00 (22:00)	독서	독서	독서	독서	독서
		영어 읽기	국어 일기	국어 말하기	영어 읽기	

14살(중1) 9~12월

고등학교 학습 과정이 시작된다. 고등학교 학습 과정부터는 7교시가 아닌 8교시로 진행된다. 학습 내용도 조금 더 어려워지고, 한국사 과목도 추가되기 때문이다. 수업시간은 그대로 30분이 유지된다. 9, 10, 11, 12월에 고등학교 1학년 1학기 과정을 학습한다.

과목	분류	분	9월	10월	11월	12월
독서	전 분야	60+	매일	매일	매일	매일
	국어 일기		주2회	주2회	주2회	주2회
	국어 말하기		주1회	주1회	주1회	주1회
	영어 읽기		주2회	주2회	주2회	주2회
국어	문제집 1	30	매일	매일	매일	매일
영어	듣기	30~60	매일	매일	매일	매일
	문제집 1	30	매일	매일	매일	매일
수학	연산문제집	30	주2회	주2회	주2회	주2회
	문제집 1	60	매일	매일	-	-
	문제집 2		-	-	매일	매일
사회	문제집 1	30	주3회	주3회	주3회	주3회
과학	문제집 1	30	주4회	주4회	주4회	주4회
한국사	문제집 1	30	주3회	주3회	주3회	주3회

중학교 과정과 차이가 있다면, 사회 과목은 주 1회 추가되어 총 주 3회, 과학 과목 역시 주 1회 추가되어 총 주 4회로 변경된다. 그 외에 다른 점은 없다.

교시	시간	월	화	수	목	금
1교시	09:00	수학문제집	수학문제집	수학문제집	수학문제집	수학문제집
2교시	09:40	영어 듣기	영어 듣기	영어 듣기	영어 듣기	영어 듣기
3교시	10:20	국어문제집	국어문제집	국어문제집	국어문제집	국어문제집
4교시	11:00	수학문제집	수학문제집	수학문제집	수학문제집	수학문제집
5교시	11:40	영어문제집	영어문제집	영어문제집	영어문제집	영어문제집
6교시	12:20	과학문제집	사회문제집	과학문제집	사회문제집	과학문제집
7교시	13:00	영어 듣기	수학 연산문제집	영어 듣기	수학 연산문제집	영어 듣기
8교시	13:40	한국사 문제집	한국사 문제집	한국사 문제집	과학문제집	사회문제집
독서	20:00~21:00 (22:00)	독서	독서	독서	독서	독서
		영어 읽기	국어 일기	국어 말하기	영어 읽기	국어 일기

확인사항

국어 일기 횟수가 주 2회로 늘어난다. 홈스쿨링의 일기는 단순한 일지가 아닌 시, 가사, 수필, 소설 등 다양하게 표현하는 것을 목표로 한다. 이는 아이의 머릿속에 있는 생각을 글로 표현하는 과정이기 때문에 매우 중요하다. 그러므로 고등학교 과정이 시작되면 횟수를 늘려주면 좋다.

수업 종료시간 2시 10분이다. 고등학교 과정을 마치는 2년 동안, 즉 6학기 동안 동일한 시간에 수업이 종료된다. 점심을 먹기에 조금 늦은 시간이다. 그렇기 때문에 아이와의 대화를 통해 수업시간 중간에 점심시간을 넣을지, 아니면 모든 수업을 마친 후에 점심시간을 가질지 결정해야 한다. 일반적으로 아이는 공부를 마치고 점심식사하기를 선호하기 때문에 쉬는 시간에 간식을 제공하는 것도 좋다.

15살(중2) 1~4월

1, 2, 3, 4월에 고등학교 1학년 2학기 과정을 학습한다.

과목	분류	분	1월	2월	3월	4월
독서	전 분야	60+	매일	매일	매일	매일
	국어 읽기		주2회	주2회	주2회	주2회
	국어 말하기		주1회	주1회	주1회	주1회
	영어 읽기		주2회	주2회	주2회	주2회
국어	문제집 1	30	매일	매일	매일	매일
영어	듣기	30~60	매일	매일	매일	매일
	문제집 1	30	매일	매일	매일	매일
수학	연산문제집	30	주2회	주2회	주2회	주2회
	문제집 1	60	매일	매일	-	-
	문제집 2		-	-	매일	매일
사회	문제집 1	30	주3회	주3회	주3회	주3회
과학	문제집 1	30	주4회	주4회	주4회	주4회
한국사	문제집 1	30	주3회	주3회	주3회	주3회

교시	시간	월	화	수	목	금
1교시	09:00	수학문제집	수학문제집	수학문제집	수학문제집	수학문제집
2교시	09:40	영어 듣기	영어 듣기	영어 듣기	영어 듣기	영어 듣기
3교시	10:20	국어문제집	국어문제집	국어문제집	국어문제집	국어문제집
4교시	11:00	수학문제집	수학문제집	수학문제집	수학문제집	수학문제집
5교시	11:40	영어문제집	영어문제집	영어문제집	영어문제집	영어문제집
6교시	12:20	과학문제집	사회문제집	과학문제집	사회문제집	과학문제집
7교시	13:00	영어 듣기	수학 연산문제집	영어 듣기	수학 연산문제집	영어 듣기
8교시	13:40	한국사 문제집	한국사 문제집	한국사 문제집	과학문제집	사회문제집
독서	20:00~ 21:00 (22:00)	독서	독서	독서	독서	독서
		영어 읽기	국어 일기	국어 말하기	영어 읽기	국어 일기

15살(중2) 5~8월

5, 6, 7, 8월에 고등학교 2학년 1학기 과정을 학습한다.

과목	분류	분	5월	6월	7월	8월
독서	전 분야	60+	매일	매일	매일	매일
	국어 일기		주2회	주2회	주2회	주2회
	국어 말하기		주1회	주1회	주1회	주1회
	영어 읽기		주2회	주2회	주2회	주2회

국어	문제집 1	30	매일	매일	매일	매일
영어	듣기	30~60	매일	매일	매일	매일
	문제집 1	30	매일	매일	매일	매일
수학	연산문제집	30	주2회	주2회	주2회	주2회
	문제집 1	60	매일	매일	-	-
	문제집 2		-	-	매일	매일
사회	문제집 1	30	주3회	주3회	주3회	주3회
과학	문제집 1	30	주4회	주4회	주4회	주4회
한국사	문제집 1	30	주3회	주3회	주3회	주3회

시간표

교시	시간	월	화	수	목	금
1교시	09:00	수학문제집	수학문제집	수학문제집	수학문제집	수학문제집
2교시	09:40	영어 듣기	영어 듣기	영어 듣기	영어 듣기	영어 듣기
3교시	10:20	국어문제집	국어문제집	국어문제집	국어문제집	국어문제집
4교시	11:00	수학문제집	수학문제집	수학문제집	수학문제집	수학문제집
5교시	11:40	영어문제집	영어문제집	영어문제집	영어문제집	영어문제집
6교시	12:20	과학문제집	사회문제집	과학문제집	사회문제집	과학문제집
7교시	13:00	영어 듣기	수학 연산문제집	영어 듣기	수학 연산문제집	영어 듣기
8교시	13:40	한국사 문제집	한국사 문제집	한국사 문제집	과학문제집	사회문제집
독서	20:00~ 21:00 (22:00)	독서	독서	독서	독서	독서
		영어 읽기	국어 일기	국어 말하기	영어 읽기	국어 일기

영어 듣기 좀 더 수준 높은 지문으로 바꿀 필요가 있다. 대통령 연설문 같이 철저히 검증된 자료는 비문이 없고, 높은 수준의 영어를 경험할 수 있다는 장점이 있다. 또한 CNN이나 BBC 등 뉴스의 경우 각 국가의 현재 정세에 대해서도 알 수 있기 때문에 교육적인 효과도 높다.

15살(중2) 9~12월

9, 10, 11, 12월에 고등학교 2학년 2학기 과정을 학습한다.

과목	분류	분	9월	10월	11월	12월
독서	전 분야	60+	매일	매일	매일	매일
	국어 일기		주2회	주2회	주2회	주2회
	국어 말하기		주1회	주1회	주1회	주1회
	영어 읽기		주2회	주2회	주2회	주2회
국어	문제집 1	30	매일	매일	매일	매일
영어	듣기	30~60	매일	매일	매일	매일
	문제집 1	30	매일	매일	매일	매일
수학	연산문제집	30	주2회	주2회	주2회	주2회
	문제집 1	60	매일	매일	-	-
	문제집 2		-	-	매일	매일
사회	문제집 1	30	주3회	주3회	주3회	주3회
과학	문제집 1	30	주4회	주4회	주4회	주4회
한국사	문제집 1	30	주3회	주3회	주3회	주3회

교시	시간	월	화	수	목	금
1교시	09:00	수학문제집	수학문제집	수학문제집	수학문제집	수학문제집
2교시	09:40	영어 듣기	영어 듣기	영어 듣기	영어 듣기	영어 듣기
3교시	10:20	국어문제집	국어문제집	국어문제집	국어문제집	국어문제집
4교시	11:00	수학문제집	수학문제집	수학문제집	수학문제집	수학문제집
5교시	11:40	영어문제집	영어문제집	영어문제집	영어문제집	영어문제집
6교시	12:20	과학문제집	사회문제집	과학문제집	사회문제집	과학문제집
7교시	13:00	영어 듣기	수학 연산문제집	영어 듣기	수학 연산문제집	영어 듣기
8교시	13:40	한국사 문제집	한국사 문제집	한국사 문제집	과학문제집	사회문제집
독서	20:00~ 21:00 (22:00)	독서	독서	독서	독서	독서
		영어 읽기	국어 일기	국어 말하기	영어 읽기	국어 일기

16살(중3) 1~4월

그동안의 노력 끝에 3년을 앞당긴 시점이다. 학교에 다니는 16살 아이는 중학교 3학년을 시작하지만 홈스쿨링을 하는 아이는 고등학교 3학년 과정을 시작한다. 1, 2, 3, 4월에 고등학교 3학년 1학기 과정을 학습한다. 현재 고등학교 3학년 과정의 경우 대학수학능력시험을 대비하기 위해 교과목이 영역별로 나뉜다. 그렇기 때문에 사회탐구영역과 과학탐구영역의 경우 문제집이 세분화된다. 그에 맞춰 사회 과목은 주 2회 추가되어 총 주 5회, 과학 과목은 주 1회 추가되어 총 주 5회로 변경된다.

한국사 과목은 사회탐구영역으로 흡수된다.

과목	분류	분	1월	2월	3월	4월
독서	전 분야	60+	매일	매일	매일	매일
	국어 읽기		주2회	주2회	주2회	주2회
	국어 말하기		주1회	주1회	주1회	주1회
	영어 말하기		주2회	주2회	주2회	주2회
국어	문제집 1	30	매일	매일	매일	매일
영어	듣기	30~60	매일	매일	매일	매일
	문제집 1	30	매일	매일	매일	매일
수학	연산문제집	30	주2회	주2회	주2회	주2회
	문제집 1	60	매일	매일	-	-
	문제집 2		-	-	매일	매일
사회	문제집 1	30	매일	매일	-	-
	문제집 2		-	-	매일	매일
과학	문제집 1	30	매일	매일	-	-
	문제집 2		-	-	매일	매일

시간표

교시	시간	월	화	수	목	금
1교시	09:00	수학문제집	수학문제집	수학문제집	수학문제집	수학문제집
2교시	09:40	영어 듣기	영어 듣기	영어 듣기	영어 듣기	영어 듣기
3교시	10:20	국어문제집	국어문제집	국어문제집	국어문제집	국어문제집
4교시	11:00	수학문제집	수학문제집	수학문제집	수학문제집	수학문제집
5교시	11:40	영어문제집	영어문제집	영어문제집	영어문제집	영어문제집
6교시	12:20	과학문제집	사회문제집	과학문제집	사회문제집	과학문제집
7교시	13:00	영어 듣기	수학 연산문제집	영어 듣기	수학 연산문제집	영어 듣기

8교시	13:40	사회문제집	과학문제집	사회문제집	과학문제집	사회문제집
독서	20:00~ 21:00 (22:00)	독서	독서	독서	독서	독서
		영어 말하기	국어 일기	국어 말하기	영어 읽기	국어 일기

확인사항

영어 말하기 국어 말하기와 마찬가지로 독서한 내용을 입으로 말하는 것이다. 단, 영어로 말해야 한다. 그러므로 먼저 책을 보며 말할 내용을 정리하고 영작해야 한다. 영작을 마치면 최대한 원어민의 느낌을 살려 말해보자. 아직 영작이 쉽지 않다면 미국 대통령 연설문같이 수준 높은 문서를 똑같이 따라 읽어보자. 그렇게 읽는 것만으로도 영어 말하기에 도움이 된다.

16살(중3) 5~8월

5, 6, 7, 8월에 고등학교 3학년 2학기 과정을 학습한다. 8월에는 고등 졸업 검정고시가 있다.

과목	분류	분	5월	6월	7월	8월
독서	전 분야	60+	매일	매일	매일	매일
	국어 일기		주2회	주2회	주2회	주2회
	국어 말하기		주1회	주1회	주1회	주1회
	영어 말하기		주2회	주2회	주2회	주2회

국어	문제집 1	30	매일	매일	매일	매일
영어	듣기	30~60	매일	매일	매일	매일
	문제집 1	30	매일	매일	매일	매일
수학	연산문제집	30	주2회	주2회	주2회	주2회
	문제집 1	60	매일	매일	-	-
	문제집 2		-	-	매일	매일
사회	문제집 1	30	매일	매일	-	-
	문제집 2		-	-	매일	매일
과학	문제집 1	30	매일	매일	-	-
	문제집 2		-	-	매일	매일

시간표

교시	시간	월	화	수	목	금
1교시	09:00	수학문제집	수학문제집	수학문제집	수학문제집	수학문제집
2교시	09:40	영어 듣기	영어 듣기	영어 듣기	영어 듣기	영어 듣기
3교시	10:20	국어문제집	국어문제집	국어문제집	국어문제집	국어문제집
4교시	11:00	수학문제집	수학문제집	수학문제집	수학문제집	수학문제집
5교시	11:40	영어문제집	영어문제집	영어문제집	영어문제집	영어문제집
6교시	12:20	과학문제집	사회문제집	과학문제집	사회문제집	과학문제집
7교시	13:00	영어 듣기	수학 연산문제집	영어 듣기	수학 연산문제집	영어 듣기
8교시	13:40	사회문제집	과학문제집	사회문제집	과학문제집	사회문제집
독서	20:00~ 21:00 (22:00)	독서	독서	독서	독서	독서
		영어 말하기	국어 일기	국어 말하기	영어 읽기	국어 일기

남는 시간을
어떻게 보낼까?

아이와 부모에 따라 이 정도 커리큘럼이 부족하게 느껴질지도 모른다. 분명히 말하지만 부족하지 않다. 고등학교 졸업 과정은 이 정도로 충분하고도 남는다. 하지만 중요한 점은 고등학교 졸업이 우리의 목표가 아니라는 것이다. 그렇다면 하루 동안에 남는 시간은 어떻게 해야 할까?

말 그대로 하고 싶은 것을 하면 된다. 만약 아이가 스스로 학습량이 부족하다고 느낀다면 학습을 하면 된다. 다양한 경험을 하고 싶다면 무언가를 시도하면 된다. 재능계발을 하고 싶다면 그 시간에 훈련을 하면 된다. 만약 놀고 싶다면 놀면 되고, 쉬고 싶으면 쉬면 된다. 단, 2가지는 절대로 해서는 안 된다.

첫째, 시간을 때우면 안 된다. 시간이 여유가 있으면 아무래도 게을러질 수밖에 없다. 쉬는 것과 게으른 것은 분명히 다르다. 그러므로 쉴 때도 계획적으로 쉬어야 한다. 그러지 않고 쉰다는 명분하에 시간을 때우기 시작하면 무기력증에 빠질 수도 있다. 그러므로 부모는 아이가 스스로 무언가를 할 수 있도록 도와야 한다.

둘째, 남는 시간에 공부하라고 아이를 압박해서는 안 된다. 아이는 이미 시간을 낭비하지 않고 다른 아이보다 더 많이 학습을 한 상태이다. 그러므로 남는 시간은 아이가 주도적으로 무언가를 하는 것이 좋다. 부모 입장에서야 공부를 좀 더 하면 좋겠지만, 그건 부모의 욕심일 뿐이다. 아이가 미래를 위해 원하는 것을 할 수 있도록 도와야 한다. 단, 아이가 공부를 원한다면 목표의식을 가지고 공부하도록 도와야 한다. 이때 목표의식은 매우 중요하다. 목표의식이 없다면 아이는 겨우 한 시간 더 공부한 것을 가지고 만족할지도 모른다. 아이가 목표를 이룰 수 있는 학습량이 어느 정도인지를 확인하고, 그에 맞춰 할 수 있도록 도와야 한다.

이처럼 홈스쿨링을 하며 자신이 원하는 것을 따라 온전히 시간을 보낸다면 아이는 훨씬 많을 것을 얻을 수 있다. 그러므로 부모는 아이가 남은 시간을 잘 활용할 수 있도록 도와주어야 한다.

오후 시간 활용법

홈스쿨링을 하면 오후 시간을 자유롭게 사용할 수 있다. 하지만 아이의 기본적인 소양을 위해 일정 시간은 정해진 무언가를 하는 것도 좋다. 아이 입장에서도 단순한 자유시간보다는 일정 수준에서 무언가를 하는 것이 마음이 더 편할 수도 있다. 마냥 자유시간만 보낸다면 아이는 오히려 더 힘들 수 있다.

예체능

일 1회 정도 시간을 정해 음악이나 미술, 혹은 체육 같은 과목을 하면 좋다. 홈스쿨링을 시작하는 시점에 나는 그림 그리기에 빠졌다. 그래서 한동안 오후에 아이들과 함께 그림을 그렸다. 그때 아이들은 그저 아빠를 따라 재미로 그림을 그렸을 뿐이다. 하지만 시간이 지나 아이들의 그림 실력이 향상되었음을 눈으로 확인할 수 있었다. 이처럼 짧은 시간이라도 아이가 매일 무언가를 할 수 있다면 시간이 지나 눈에 보이는 성과를 얻을 수 있다. 그러므로 한 가지를 정해 매일 해보는 경험이 필요하다.

재능계발

첫째 아이는 축구 선수가 꿈이다. 그래서 시간을 조정해 12시부터 1시간 30분 정도 개인 훈련을 한다. 그러고서 5시부터 7시까지 클럽에서 훈련을 한다. 즉, 하루 약 3시간 30분 정도를 훈련한다. 하지만 다른 아이들은 시간을 낼 수 없기 때문에 하루 2시간 정도밖에 훈련하지 못한다. 즉, 첫째 아이는 다른 아이들보다 하루 평균 1시간 30분 정도 더 훈련한다.

  그렇다면 1년, 혹은 수년이 지나서 실력이 어떻게 변할까? 첫째 아이는 축구를 2~3년 정도 늦게 시작했지만, 홈스쿨링을 시작한 후 1년 만에 다른 아이들의 실력을 따라잡았다. 이처럼 재능계발에 있어 시간 투입은 필수이다. 홈스쿨링이라는 시스템을 통해 낭비하는 시간을 줄이고, 남는 시간에 자신이 원하는 것을 한다면 어떤 목표든 이룰 수 있다.

외출

오후 시간은 아이의 자유시간이다. 또한 시간 자체가 다른 아이의 학교 수업이 끝날 시점이다. 그러므로 친구를 만나서 놀 수도 있다. 물론 막상 놀려고 하면 대부분의 친구들이 학원을 가야 하는 상황일 수도 있다. 그렇지 않다면 함께 즐거운 시간을 보내면 된다.

보충수업

원한다면 얼마든지 더 공부할 수 있다. 공부가 재능일 수도 있다. 현재 커리큘럼의 목표는 검정고시 합격을 목표로 하지 대학수학능력시험을 목표로 하진 않는다. 하지만 만약 대학수학능력시험을 목표로 한다면 오후에 학습을 더 해도 무방하다. 하지만 왠지 공부를 해야 할 것만 같은 불안감으로 공부를 하는 것은 의미가 없다. 왜냐하면 진짜 좋아서 하는 것이 아니라면 금세 지치기 때문이다. 지치는 것은 상관없지만 지쳐서 그다음 날에 해야 할 학습 분량을 하지 못한다면 문제가 된다.

토요일 활용법

오후 시간이 짧은 자유시간이었다면, 토요일은 긴 자유시간이다. 그러므로 긴 시간이 필요한 일들을 위주로 하면 된다.

프로젝트

홈스쿨링을 하면서 아이가 가장 재미도 느끼고, 뿌듯함도 느낄 수 있는 것이 바로 프로젝트이다. 프로젝트는 무엇이든 상관없다. 대중가요를 작곡할 수도 있고, 장편소설을 집필할 수도 있다. 또 주식이나 부동산 같은 투자를 할 수도 있다. 하지만 이러한 일들을 하기 위해서는 오랜 시간 동안 준비를 해야 한다. 그 일들을 하기 위한 능력을 갖추어야 한다. 그러므로 아이는 그 일을 하기 위해 계획을 세우고, 그에 따라 한 걸음씩 나아가야 한다. 그 나아가는 과정에 가장 필요한 것이 시간인데, 토요일은 시간을 확보하기 가장 좋은 날이다.

탐방

아이와 함께 어디든 탐방을 가면 얻는 것이 많으리라 생각한다. 예를 들어 아이와 함께 박물관에 가면 아이가 많은 감동을 느끼고 무엇인가 변화가 있을 거라 생각한다. 하지만 박물관을 가보면 안다. 박물관에서 아이가 무언가를 관심 있게 보고, 그 경험을 통해 집에 와서 무엇인가를 할 정도로 아이에게 도전으로 다가오는 경우는 별로 없다. 그저 하루 나들이에 불과하다. 그저 가족끼리 하루 놀다 온 시간이 된다.

하지만 상관없다. 비록 학습적인 효과는 적더라도 가족과 함께하는 시간을 통해 아이는 알게 모르게 성장하기 때문이다. 학습적인 효과가 전혀 없는 것은 아니다. 아이는 책에서 불국사에 대한 내용을 보며 '우리 저번에 불국사 갔다 왔잖아!' 하며 책의 내용에서 본 것과 실제 갔다 온 부분의 느낌을 비교하곤 한다. 이런 경험을 통해 아이는 책 속의 내용을 더 현실감 있게 느끼게 된다.

검정고시 준비

커리큘럼에는 검정고시 준비과정이 포함되지 않는다. 그 이유는 지금의 학습량으로도 모의고사를 1~2번 정도 풀어보면 충분히 합격할 수 있기 때문이다. 그러므로 기본적으로는 커리큘럼 중 일찍 끝나는 과목 시간에 기출 문제집이나 통합형 검정고시 문제집을 1권 정도 풀면 된다. 즉, 초등, 중등, 고등 과정의 마지막 학기에 남는 시간을 활용해서 시험 준비를 하면 된다. 만약 학습량이 부족하다고 느끼거나 고득점을 원한다면 토요일에 검정고시를 준비하는 것도 좋다.

시간표를
짜보자

홈스쿨링 커리큘럼을 기준으로 시간표를 짜보자. 학습시간과 독서 시간을 제외하고는 마음대로 짤 수 있다. 남는 시간에 무엇을 할지 아이와 부모가 함께 결정하면 된다. 아래 시간표는 초등과정에 대한 예시다.

시간＼요일	월	화	수	목	금	토
08:00~30	기상	기상	기상	기상	기상	기상
08:30~60	식사	식사	식사	식사	식사	식사
09:00~20	1교시	1교시	1교시	1교시	1교시	프로젝트
09:20~30	휴식	휴식	휴식	휴식	휴식	
09:30~50	2교시	2교시	2교시	2교시	2교시	
09:50~60	휴식	휴식	휴식	휴식	휴식	
10:00~20	3교시	3교시	3교시	3교시	3교시	
10:20~30	휴식	휴식	휴식	휴식	휴식	

10:30~50	4교시	4교시	4교시	4교시	4교시	프로젝트
10:50~60	휴식	휴식	휴식	휴식	휴식	
11:00~20	5교시	5교시	5교시	5교시	5교시	-
11:20~30	휴식	휴식	휴식	휴식	휴식	-
11:30~50	6교시	6교시	6교시	6교시	6교시	-
11:50~60	휴식	휴식	휴식	휴식	휴식	-
12:00~20	7교시	7교시	7교시	7교시	7교시	-
12:20~30	휴식	휴식	휴식	휴식	휴식	-
12:30~60	-	-	-	-	-	-
13:00~60	식사	식사	식사	식사	식사	식사
14:00~60	미술	음악	-	미술	음악	-
15:00~60	-	-	-	-	-	-
16:00~60	-	수영	-	수영	-	-
17:00~60	-	-	-	-	-	-
18:00~60	-	-	-	-	-	-
19:00~60	식사	식사	식사	식사	식사	식사
20:00~60	독서	독서	독서	독서	독서	독서
21:00~60	독서	독서	독서	독서	독서	독서
22:00	취침	취침	취침	취침	취침	취침

재능계발을 위한 시간표

홈스쿨링을 하는 데 있어 가장 큰 장점은 시간을 자유롭게 사용할 수 있다는 것이다. 홈스쿨링은 하루 동안 학습해야 할 시간이 정해져 있다.

그 외의 시간은 아이가 자유롭게 사용할 수 있다. 그러므로 한 분야에 재능이 있는 아이의 경우 홈스쿨링은 더욱 강력한 성과를 준다. 재능을 계발하기 위해서는 절대적인 시간의 투자가 필요하기 때문이다.

홈스쿨링을 하는 아이는 학교에 다니는 아이에 비해 특정 분야의 투입 시간을 늘릴 수 있다. 또한 시간배치를 통해 아이가 지치지 않게 할 수 있다. 축구를 예로 들면 프로 선수의 경우 오전과 오후 2시간씩 총 4시간을 공식적으로 훈련한다. 그리고 선수에 따라 부족한 부분을 저녁에 개인훈련으로 보충한다. 이런 식으로 시간차를 두고 훈련하는 이유는 2가지이다.

첫째, 훈련과 훈련 사이에 휴식을 통해 체력 회복을 위함이다. 휴식을 통해 몸을 회복하지 않는다면 얼마 지나지 않아 부상을 당할지도 모른다. 축구 같은 운동 분야뿐만 아니라 악기 같은 예능 분야도 마찬가지이다.

둘째, 정신의 회복이다. 오랜 시간 연습을 하면 몸뿐만 아니라 정신도 지친다. 정신이 지치면 어느 순간 더 이상 아무것도 하기 싫을 수도 있다. 사람들은 꿈을 향해 달려갈 때 하고 싶은 일이기 때문에 죽어라 할 수 있다고 생각한다. 하지만 그렇지 않다. 하고 싶은 일도 계속 그것만 하다 보면 더 이상 하고 싶지 않다. 그때는 하고 싶지 않아도 그동안 해 왔기 때문에 어쩔 수 없이 버티는 경우가 대부분이다. 김연아 선수가 늘 하고 싶은 일이라서, 늘 재미있어서 올림픽 금메달을 딴 게 아니다. 포기하지 않고 인내했기 때문에 얻은 결실이다. 그러므로 정신적인 회복은 매우 중요하다.

이처럼 어떤 분야든 그 분야에서 최고가 되기 위해서는 시간의 투입과 분배가 절대적으로 중요하다. 그러므로 홈스쿨링을 하면 아이가 원하는 분야에 성공할 가능성이 더욱 높아진다. 그러므로 아이가 어떤 분야에 재능을 보인다면 일반적인 아이와 다른 시간표를 짜야 한다. 홈스쿨링의 장점을 최대한 살린다. 즉, 오전과 오후, 저녁에 해당 분야의 시간을 투입한다. 그렇게 되면 아이는 더 많은 성과를 낼 수밖에 없다.

요일 시간	월	화	수	목	금	토
08:00~30	기상	기상	기상	기상	기상	기상
08:30~60	식사	식사	식사	식사	식사	식사
09:00~20	1교시	1교시	1교시	1교시	1교시	프로젝트
09:20~30	휴식	휴식	휴식	휴식	휴식	
09:30~50	2교시	2교시	2교시	2교시	2교시	
09:50~60	휴식	휴식	휴식	휴식	휴식	
10:00~60 11:00~60	재능계발	재능계발	재능계발	재능계발	재능계발	재능계발
12:00~20	3교시	3교시	3교시	3교시	3교시	프로젝트
12:20~30	휴식	휴식	휴식	휴식	휴식	
12:30~50	4교시	4교시	4교시	4교시	4교시	
12:50~60	휴식	휴식	휴식	휴식	휴식	
13:00~60	식사	식사	식사	식사	식사	식사
14:00~20	5교시	5교시	5교시	5교시	5교시	-
14:20~30	휴식	휴식	휴식	휴식	휴식	-
14:30~50	6교시	6교시	6교시	6교시	6교시	-

14:50~60	휴식	휴식	휴식	휴식	휴식	-
15:00~20	7교시	7교시	7교시	7교시	7교시	-
15:20~30	휴식	휴식	휴식	휴식	휴식	-
15:30~60 16:00~60	재능계발	재능계발	재능계발	재능계발	재능계발	재능계발
17:00~60	미술	음악	체육	미술	음악	-
18:00~60	식사	식사	식사	식사	식사	식사
19:00~60 20:00~60	재능계발	재능계발	재능계발	재능계발	재능계발	재능계발
21:00~60	독서	독서	독서	독서	독서	독서
22:00	취침	취침	취침	취침	취침	취침

8

/

관찰 그리고
소통

아이를 잘 살피고 아이의 속도를 알아야 한다.
아이가 뛸 준비가 되었는지,
아이가 어디로 뛸길 원하는지
여기저기 다녀보며 아이의 꿈을 찾아야 한다.

홈스쿨링을 시작하면
생기는 문제들

홈스쿨링을 시작하면 많은 문제가 생긴다. 하지만 잘 살펴보면 문제라
고 표현할 필요조차 없는 것들이다. 그저 자연스럽게 지나가면 지나간
후에 아무 일도 아니었음을 깨닫게 된다.

Q 검토가 힘들어요

초등학교 3~4학년 과정까지는 20분 안에 문제를 풀고, 검토 또한 할 수
있다. 하지만 5학년 과정이 시작되면 쉽지 않음을 느낀다. 왜냐하면 실
제 학년은 4학년이지만 5월이 되면 5학년 과정을 배우기 때문이다. 쉽
게 말하면 거의 1년을 앞당긴 상황이 벌어진다. 그래서 문제를 푸는 시
간도 길어질 수밖에 없다. 아이는 힘들다. 문제를 조금 틀리면 참고 하

겠지만 문제를 많이 틀리기라도 하면 스트레스를 받을 수밖에 없다.

일반적으로 국어와 수학에서 이러한 문제가 발생한다. 사실 커리큘럼상 다른 과목에서는 문제가 발생할 수 없다. 만약 국어와 수학에서 문제가 생긴다면 문제 풀이와 검토를 분리하는 방법을 사용해보자. 예를 들어 아이의 학습 스타일에 맞춰 문제 풀이를 2교시(40분) 하고, 검토를 1교시(20분) 하는 방식으로 시간을 배분한다. 왜냐하면 아이는 지금 20분 내에 풀이와 검토를 동시에 하는 것에 스트레스를 받기 때문이다. 그러므로 이렇게 배분하면 아이는 검토의 부담이 없기 때문에 더 많이 문제에 집중해서 풀 수 있다. 그렇게 시간이 지나 아이가 어려운 문제에 익숙해지면 다시 원래 방식대로 변경하면 된다.

Q 아이가 홈스쿨링을 열심히 안 해요

처음에는 홈스쿨링을 의욕적으로 시작한 아이도 부모도 시간이 흐르면 조금씩 의욕이 사라진다. 홈스쿨링이 주는 장점들이 평범해진 느낌이다. 아이는 20분 동안 학습을 하기는 하지만 왜인지 열심히 하는 듯한 느낌이 들지 않는다. 게다가 공부하기 싫다는 말을 자주 하고 쉬는 시간에는 멍하니 있는다.

우선 그런 일이 있더라도 너무 예민하게 반응할 필요는 없다. 왜냐하면 충분히 그럴 수 있기 때문이다. 이건 사실 홈스쿨링과는 전혀 상관이 없다. 단지 홈스쿨링에서는 아이가 눈앞에 보이기 때문에 크게 받아들여지는 것일 뿐이다. 아이가 학교에서 그러고 있을 때는 내 눈에 보이지 않기 때문에 그런 줄 모르는 것이다. 공부에 흥미를 가지는 아이가 있는 반면 힘들어하는 아이도 있다. 또한 아이도 시기에 따라 공부를 쉽게 느낄 때도 있고, 어렵게 느낄 때도 있다. 그러므로 그런 모습을 자연스럽게 넘어갈 수 있어야 한다.

첫째 아이는 축구를 하다 보니 대회가 있으면 거의 보름 동안 홈스쿨링을 쉰다. 그다음에 집에 오면 아이는 며칠 동안 공부를 하는 둥 마는 둥 한다. 한동안 홈스쿨링을 하지 않았기 때문에 몸과 마음을 준비하는 데 시간이 걸린다. 이때는 아이와 홈스쿨링을 함께하거나 밀린 학습 스케줄을 다시 짜는 것이 좋다. 때마침 첫째 아이가 어려워하는 단원이 있어서 3일간 수학 시간을 함께했다. 그리고 스케줄도 다시 짰다. 아이는 며칠이 지나지 않아서 오히려 대회 전보다 학습 태도가 더 좋아졌다. 이처럼 아이의 행동이 마음에 들지 않을 때 너무 예민하게 반응할 필요는 없다. 그저 아이와 재충전하는 시간을 가지면 된다. 그렇게 하면 아이는 다시 혼자서 뛸 수 있다.

Q 하기 싫은 과목이 있어요

사실 홈스쿨링에서는 1교시가 20분밖에 되지 않기 때문에 학습에 어려움을 느끼는 경우가 많지는 않다. 하지만 하기 싫은 과목의 경우 짧은 시간도 힘들 수 있다. 그때 무리하게 시키면 아이는 지쳐버려 하루 종일 힘들어할 수 있다. 그러므로 하기 힘든 과목은 공부를 쪼개서 하는 것도 방법이다.

하루에 팔굽혀펴기를 100개 하면 몸에 놀라운 변화가 생긴다고 한다. 그래서 한때 팔굽혀펴기 열풍이 분 적이 있다. 하지만 팔굽혀펴기를 1번에 100개 하기는 쉽지 않다. 5~6분이면 할 수 있는 팔굽혀펴기를 20분 넘게 해야 한다. 그렇게 하고 나면 한동안은 힘이 들어 아무것도 하지 못한다. 하지만 하루 중 시간이 날 때마다 10~20개 정도씩 나누어 하면 힘도 들지 않고, 시간도 얼마 걸리지 않는다. 게다가 운동 효과도 다르지 않다.

아이가 힘들어하는 과목이 있다면 이처럼 과목을 쪼개서 하면 쉽게 접근할 수 있다. 쪼개는 방법은 시간으로 쪼갤 수도 있고, 문제 수로 쪼갤 수도 있다. 그건 온전히 아이가 결정하면 된다. 그렇게 조금씩 익숙해지고 해당 과목에 재미를 붙이게 되면 그때는 쪼개지 않고도 학습을 소화할 수 있다.

Q 수업시간에 집중하지 않아요

아이가 수업시간에 노래를 부르거나 5분이 멀다 하고 이유 없이 왔다 갔다 할 때가 있다. 이렇듯 아이가 수업시간에 집중하지 못하면 어떻게 해야 할까? 아이가 부모의 마음처럼 공부할 땐 공부하고, 놀 땐 신나게 놀면 좋겠지만 막상 아이를 키워보면 아이가 공부할 때도 흐지부지, 놀

때도 흐지부지하는 경우가 있다.

이럴 때 일단은 지켜보는 것이 좋다. 며칠 그렇게 두고 아이가 커리큘럼을 잘하고 있는지 보고 아이의 집중력을 파악한다. 잘하고 있지 않다는 판단이 들면 아이와 함께 대화를 나누는 게 필요하다. 홈스쿨링의 기쁨을 누리기 위해 수업시간을 충실히 보내야 한다는 사실을 다시 한번 알려줄 필요가 있다.

생각과는 다른 아이

홈스쿨링을 하면 마냥 행복할까? 앞에서도 말했지만 홈스쿨링은 가치에 따른 단점이 분명 존재한다. 그리고 그로 인해 한동안 힘들 수도 있다. 또한 꼭 홈스쿨링 때문이 아니더라도, 아이가 성장하면서 예상과 다른 모습을 보일 때가 있다. 만약에 아이가 예상과 다른 방향으로 간다는 생각이 들면 어떻게 해야 할까? 그때는 지체 없이 일단 중단해야 한다. 그것이 홈스쿨링이든 학교든 마찬가지이다. 아이가 거부하는 상태에서 무리하게 강요하면 깨끗한 도화지에 지울 수 없는 진한 선을 긋는 것이다. 그 선은 아이가 평생 지고 가야 하는 아픔이 된다.

홈스쿨링을 하는 부모라면 쉽게 중단할 수 있다. 잠시 쉬어갈 여유가 있다. 하지만 학교는 다르다. 게다가 부모 중에는 학교를 쉰다는 것 자체를 받아들이지 못하는 부모도 있다. 하지만 쉬어야 한다면 학교도 쉬어야 한다. 한 아이는 고등학교 1학년 때 학교를 1년 쉬었다. 겉으로 보기에 아이는 전혀 문제가 없어 보였지만, 학교를 힘들어했다. 결국 아이는 부모와 상담 후에 한 해를 쉬었다. 1년이 지나 다시 학교에 갔고, 아이는 다시 고등학교 1학년을 다니고 있다. 아이는 1살 어린 동생들과 학교에 다니지만 전혀 개의치 않는다. 아이와 부모의 관계가 서로 신뢰할 만한 사이였고, 부모 역시 생각이 열려 있었기에 가능한 결정이었다. 하지만 결코 쉬운 결정은 아니었다.

이처럼 아이가 예상과 다른 모습을 보일 때는 좀 더 생각을 넓게 가져야 한다. 그리고 더 이상 아이를 어떻게 해야 할지 모를 때는 '아이 행동 발달 전문의'를 찾아야 한다. 그래서 진료와 검사를 받아보고 아이의 상태에 대해 정확히 확인해야 한다. 그리고 그 결과를 통해 새로운 길을 찾아나가면 된다. 홈스쿨링은 이러한 위기의 순간에 더욱 빛을 발한다. 경우에 따라 1~2년을 쉬어도 상관없다. 그래도 학교에 다니는 아이보다 1년 먼저 고등학교를 졸업한다. 이 것이 홈스쿨링의 장점이다. 아이의 상황에 맞춰서 얼마든지 새롭게 변경할 수 있다. 하지만 결코 학교에서는 이렇게 할 수 없다. 많은 부모들이 매일 학교에 가지 않으면 큰일이 나는 줄 안다. 그게 가장 큰 문제이다.

번아웃증후군을
조심하라

번아웃증후군은 의욕적으로 일하다가 목표를 이루거나 이루지 못하거나, 일을 끝내거나 간혹 일이 끝나지 않은 상태에서 신체적, 정신적으로 극도의 피로감을 느끼며 더 이상 아무것도 할 수 없는 상태가 되는 것을 의미한다. 번아웃증후군은 생각보다 우리 주위에 가까이 있다. 누군가는 슬럼프 정도로 생각하고 금방 이겨내기도 하지만 누군가는 번아웃증후군에서 빠져나오지 못한 채 많은 시간을 무기력하게 보내는 경우도 있다.

나는 중·고등학교 시절 2번의 번아웃증후군을 겪었다. 첫 번째는 중학교 2학년 2학기부터 시작된 외국어고등학교 입시에서였다. 지금도 특목고에 대한 관심이 많지만 그때도 특목고 입시에 대한 열풍이 불었다. 누구도 요구하지 않았지만 나는 그 열풍에 편승해 꼭 그 학교에 가고 싶어서 열심히 공부했다. 그렇게 스스로 목표를 정해서인지 힘들지만 잘 견딜 수 있었다. 놀라운 정신력으로 거의 매일 새벽 2시까지 공부했다. 심지어 시험 전날도 새벽 2시까지 공부했다. 그렇게 기대가 컸던 만큼 입시에서 떨어졌을 때 그 충격은 말로 할 수 없었다. 결국 일반고를 가게 되었고 2년 동안 공부를 쉬었다. 그냥 하기 싫었다. 성적이 계속 떨어져도 전혀 상관없었다. 교사가 뭐라고 해도 전혀 자극이 되지 않았다.

두 번째는 고등학교 3학년 때 시작되었다. 2년을 쉰 상태에서 고등학교 3학년이 되자 이러다가는 인생의 실패자가 될 수 있다는 불안감이 생겼다. 그 불안감이 긴 번아웃증후군을 벗어나게 했다. 2년을 따라잡기 위해 또다시 죽어라 공부했다. 이번에는 더 심했다. 7개월이 넘는 시간을 하루에 거의 2시간만 자고 공부했다. 학교에서도 최대한 시간을 낭비하지 않기 위해 맨 앞자리에 앉아 공부했고, 집에서도 공부했다. 새벽 4시까지 공부하고 6시에 일어났다. 그렇게 공부한 지 5개월이 지나자 정신 상태에 문제가 생겼는지 잠들기 전에 늘 가위에 눌렸다. 그렇게 죽어라 공부해도 2년의 시간은 따라잡기 힘들었고 또다시 목표했던 대학입시에 실패했다. 결국 대학입시 후에 재수를 준비했지만 번아웃증후군으로 인해 재수마저 포기했다.

그때는 그게 번아웃증후군인지도 몰랐다. 그 후에 많은 아이들을 만나며, 생각보다 많은 아이들이 번아웃증후군에 걸린 것을 알게 되었다. 그 아이들의 특징은 의지가 부족해 보이기도 하고, 때로는 꿈이 없는 것 같이 보이기도 한다는 점이다. 하지만 그 아이들은 분명 과거에 누구보다 더 열정적인 아이들이었다. 또 다른 특징은 스스로 생각하기에 실패했다고 느끼는 친구들이 많다는 점이다. 물론 원하는 대학에 합격하고도 번아웃증후군에 걸리기도 한다. 하지만 비율로 보면 분명히 적다. 결과적으로 번아웃증후군에 걸릴 상황에서도 합격을 하면 어느 정도 치유의 효과가 나타나는 것 같다.

아무튼 번아웃증후군은 생각보다 자주 오며, 생각보다 심각한 상태를 만들 수 있다. 요즘에는 특목고가 아닌 국제중부터 입시를 시작하기 때문에 번아웃증후군에 걸리는 시기도 빨라졌다. 앞에서도 말했지만 아이는 대학입시라는 첫 번째 마라톤을 잘 뛰어야 한다. 그 마라톤을 무리해서 뛰면 부상을 입게 되고, 최악의 상황에는 마라톤을 뛰지 못하게 될 수도 있다. 생각보다 우리 주위에 그런 사람들은 많다. 지인 중에는 충분히 일할 수 있음에도 불구하고 의욕이 없어 아무것도 하지 않는 사람이 있다. 그러므로 마라톤을 뛸 때 무조건 메달을 성취하겠다는 강한 의욕보다 천천히 뛰어도 상관없다는 마음의 여유를 가질 필요가 있다. 마라톤은 단거리 달리기가 아니다. 번아웃이 되지 않도록 주의해야 한다.

이는 홈스쿨링에서도 마찬가지이다. 홈스쿨링을 하다가 조금씩 긍정적인 성과가 보이면 더 나은 결과를 내고자 무리하고 싶을 때가 여러 번 온다. 그때 마라톤을 뛰고 있다는 사실을 명심하고 오버페이스하지 않도록 해야 한다. 그래야 마라톤이 끝났을 때 어떤 결과가 나든 다시 마라톤을 뛸 수 있다.

번아웃증후군을 예방하는 법

인생을 수많은 마라톤의 연속으로 생각해야 한다. 계속해서 새로운 마라톤을 뛰기 위해서는 부상을 당하지 않아야 한다. 부상은 100퍼센트 무리하기 때문에 당한다. 그러므로 무리하지 않기 위해서는 하루하루 정해진 만큼 뛰는 것이 중요하다. 마라톤은 길기 때문에, 오늘 할 일을 하지 않게 되면 내일 더 많은 시간을 뛰어야 한다. 하루이틀이야 극복할 수 있겠지만 그 이상이면 극복하기 힘들다. 물론 마음이야 충분히 극복할 수 있지만 생각보다 몸은 그렇지 않다. 그러므로 오늘 하루 정해진 만큼을 뛰는 것, 공부를 습관처럼 자연스럽게 하는 것이 필요하다.

번아웃증후군에서 벗어나는 법

사실 스스로 번아웃증후군을 극복하기는 힘들다. 누군가의 도움이 있어야 한다. 그럼에도 그런 도움조차 받고 싶지 않은 게 사실이다. 만약 번아웃증후군을 극복하는 게 쉬웠다면 1번에 2년씩 시간 낭비를 하지는 않았을 것이다. 지금도 누군가는 수년씩 번아웃증후군을 극복하지 못한 채 무기력하게 살고 있는 게 현실이다.

그렇다면 어떻게 하면 이 무시무시한 번아웃증후군에서 벗어날 수 있을까? 일단 쉬어야 한다. 어느 누구의 간섭도, 눈치도 받지 않고 편하게 쉬어야 한다. 그래야 회복할 수 있다. 온갖 눈칫밥을 다 먹으면서 쉬는 것은 쉬는 게 아니다. 그러므로 부모의 도움이 필요하다. 아이가 지금 회복하고 있다는 사실을 정확히 인지하고 아이가 잘 쉴 수 있도록 해야 한다. 그렇게 하지 않으면 오히려 쉬는 시간만 더 길어진다. 아이가 쉬고 싶은 만큼 쉬게 하는 것이 필요하다.

잘 쉬었다면 그것으로 끝나지 말고 새롭게 시작해야 한다. 만약 똑같은 일을 다시 시작해야 한다면 또다시 번아웃증후군에 걸릴지도 모른다. 새롭게 열정이 생길 수 있는 무언가를 찾아야 한다. 그러기 위해서는 많은 경험이 필요하다. 그동안 하고 싶어도 하지 못했던 일들을 하며 다양하게 경험해야 한다. 그를 통해 새롭게 열정이 생기는 일을 찾아야 한다. 그렇게 찾았다면 이번에는 천천히 뛰기 시작하면 된다.

하지만 대학입시같이 똑같은 일을 다시 시작해야 할 경우가 있다. 그럴 때 어떻게 해야 할까? 죽어도 하기 싫은 일을 또다시 시작하는 것은 쉽지 않다. 그럴 경우 새로운 마음가짐을 가져야 한다. 예전에 생각했던 것과 다른 마음가짐으로 새로운 목표를 세워야 한다. 그래야 다시 시작할 수 있는 힘이 생긴다.

인생의 성공 열쇠,
루틴

루틴이란 '특정한 작업을 실행하기 위한 일련의 명령'이다. 이를 쉽게 이해하려면 야구 선수의 루틴을 떠올리면 좋다. 야구 선수의 루틴은 무엇인가? 일반적으로 타자가 타격을 하기 직전에 하는 행동이다. 예를 들면 배트를 돌리거나 모자를 벗었다가 다시 쓰거나 스파이크로 바닥을 긁거나 하는 등의 행동이다. 그게 바로 루틴이다. 긴장된 상태에서 긴장을 풀고 집중하기 위해 하는 행동이다.

모든 선수에게 루틴이 있다. 단지 그 루틴이 많냐 적냐의 문제이지, 루틴이 없는 선수는 없다. 루틴을 더 간단히 설명하면 '습관화된 행동'이라고 표현할 수 있다. 내가 하고 싶고, 하고 싶지 않고에 상관없이 그저 그 일을 한다. 그런데 그 루틴이 바로 인생의 성공열쇠이다.

어렸을 때부터 '좋은 습관을 가져야 한다' '습관된다, 조심해라' 등의 말을 자주 들었다. 만약 아이가 좋은 습관, 건설적인 습관을 가질 수 있다면 얼마나 많은 변화가 있을까? '3살 버릇 여든까지 간다'고 하는데, 만약 아이가 좋을 습관을 가진다면 그 아이는 인생의 성공을 얻을 것이다. 매일 무언가를 꾸준히 한다는 것, 그 일을 그저 묵묵히 할 수 있다는 것, 그게 바로 습관이다. 그리고 아이들은 반드시 그런 습관을 가져야 한다.

하지만 좋은 습관 기르기는 쉽지 않다. 노력이 필요하다. 마치 독서 습관을 가지게 하기 위해 부모가 일정 기간 아이에게 책을 읽어주어야 하고, 부모도 함께 책 읽는 시간을 가져야 하는 것처럼, 시간과 노력이 필요하다. 그 시간과 노력을 통해 습관을 가졌다면 이제 습관을 넘어 루틴이 되어야 한다. 아침에 일어나 세수를 하고 양치를 하듯이 그저 시간이 되면 그 일을 한다. 어느 날은 하고 싶고, 어느 날은 하기 싫다가 아니다. 그런 감정조차 느끼지 않아야 한다. 그냥 한다. 자연스럽게 나오는 행동이다. 그게 바로 루틴이다. 좋은 루틴을 가지면 아이는 성공할 확률이 높다. 좋은 습관을 가진 아이는 더 많은 것을 얻고 더 많은 경험을 한다. 그것이 바로 그저 하루하루 묵묵히 걸어간 걸음에 대한 보상이다.

남은 3년을
어떻게 보낼까?

아이와 부모 모두 열심히 달려왔다. 열심히 한 대가로 3년의 시간을 선물로 받았다. 그 3년을 어떻게 쓰느냐에 따라 마라톤의 결과가 달라진다. 하지만 그 결과는 우리가 소위 생각하는 순위만은 아니다. 홈스쿨링을 하는 아이는 홈스쿨링을 통해 3가지를 얻는다. 첫째는 고등학교 졸업, 즉 대학입학 자격이다. 둘째는 혼자서 뛸 수 있는 용기, 즉 자기주도 학습이 가능한 만큼의 성장이다. 셋째는 3년의 시간이다. 이 3가지는 아이가 대학 마라톤을 완주할 수 있는 힘과 앞으로의 인생 마라톤들을 잘 완주할 수 있는 큰 밑거름이 된다. 이제 아이는 스스로 뛸 수 있는 힘을 얻었다.

남은 3년은 온전히 아이의 몫이다. 아이가 어떻게 계획할 것인가에 대해 순전히 아이에게 맡기길 바란다. 물론 홈스쿨링을 통해 부모와 올바른 관계가 정립되었다면 아이는 부모와 소통하길 원할 것이다. 그렇다면 서로 의견을 나누는 시간을 가지면 된다. 아이는 여전히 성숙을 향해 달려가는 시기에 있지만 분명 학교를 다니는 아이보다는 훨씬 더 주도적이고 독립적으로 행동할 것이다. 부모는 아이를 인정해야 한다. 아이 앞에는 여러 가지 선택지가 있다. 아이는 스스로 그것을 선택하고 준비한다. 부모는 뒤에서 묵묵히 지원해주면 된다.

4개월 동안 남은 3년을 스케줄링하라

중학교 3학년 9월부터 12월까지의 시간 역시 아이가 받은 선물이다. 지난 7년에 대한 보상이다. 먼저 그 시간을 마음껏 쉬며 하고 싶은 것을 하면 된다. 어떻게 사용해도 좋은 시간이다. 마음껏 경험하고 마음껏 날아오르면 된다. 아마도 아이의 인생에서 가장 기억에 남는 시간이 될 것이다.

그렇게 잘 쉬고 나면 남은 3년을 어떻게 보내야 할지 생각이 들 것이다. 지난 7년의 경험을 통해, 그리고 지금 4개월의 경험을 통해, 앞으로 다가올 3년을 스케줄링하면 된다. 먼저 목표를 설정하고 그에 맞는 계획을 세운다. 부모가 함께해줄 수도 있지만, 이 시간 역시 온전히 아이의 몫이 되도록 지도하는 것이 좋다.

무엇을 할까? 대학입학

아이는 대학입학 자격을 갖추었기에 대학수학능력시험을 보면 곧장 대학에 입학할 수 있다. 만약 홈스쿨링을 하는 동안 학습의 부족한 부분들을 충실하게 채웠거나 공부에 재능이 있다면 충분히 도전해볼 수 있다. 어린 나이에 대학생이 되어 또래 친구가 아닌 3살 이상 나이가 많은 이들과 대학에 다니는 것이 쉽지는 않겠지만, 충분히 가능하다. 남들보다 더 빨리 대학에 가서 졸업을 하고 그 이후의 진로를 찾아가는 것도 좋은 방법이다.

무엇을 할까? 입시 준비

홈스쿨링의 특성상 아이는 많은 시간 동안 공부하진 않았다. 그리고 검정고시의 특성상 완벽하게 아는 것도 아니다. 그렇기 때문에 대학수학능력시험을 보면 성적이 좋지 않을 수도 있다. 그렇다면 입시 준비를 해도 된다. 개인적으로 가장 좋다고 생각하는 방법이다. 남은 시간을 내신이다 뭐다 신경 쓸 필요 없이 그저 대학수학능력시험에 집중한다면 3년이 아니라 1년이나 2년 만에도 좋은 성적을 얻어 원하는 대학에 갈 수 있다. 또한 대학 중에는 일반적인 대학이 아닌 전혀 새로운 개념의 대학도 있다. 예를 들면 '미네르바 대학' 같은 경우이다. 새로운 개념의 대학도 한번 검토해보면 좋을 것 같다.

무엇을 할까? 여행

여행을 통해 보고, 듣고, 느끼는 것이 많다면 자신의 꿈을 정하는 데 긍정적인 역할을 할 것이다. 또한 남은 3년을 스케줄링하는 데에도 크나큰 도움이 된다. 여행을 통해 인생공부를 하는 것이 인생에 있어 좋은 밑거름이 되기 때문이다.

무엇을 할까? 새로운 곳을 향한 도전, 유학 또는 이민

유학이나 이민을 갈 수도 있다. 현지 어학컬리지를 통해 언어를 배울 수도 있고, 그를 통해 현지 대학의 입시도 준비할 수 있다. 쉬운 결정은 아니지만 아이가 원한다면 충분히 가능하다. 홈스쿨링을 통해 자기주도 학습이 된 아이는 어디에 가서든 잘할 수 있다.

무엇을 할까? 꿈 찾기

앞으로 3년을 스케줄링하기 위해 반드시 염두에 두어야 할 것이 꿈을 찾는 일이다. 물론 꿈을 찾지 못했다고 앞의 일들을 못하는 건 아니다. 이러한 일을 하면서도 충분히 꿈을 찾을 수도 있다. 또한 꿈도 얼마든지 바뀔 수 있다. 그렇기 때문에 부담을 갖는 것은 좋지 않다. 다만 한 가지는 알아야 한다. 과연 내가 무엇을 좋아하고 잘하는지는 분명히 알아야 한다. 그리고 꿈을 찾기 위해 노력해야 한다. 노력하지 않고 꿈을 찾을 수는 없다.

올바른 사회인식에
대하여

앞에서도 말했지만 오늘날 학교의 문제는 사회에 대한 인식에서 비롯되었다. 때때로 우리는 사회의 바른 모습을 보고 감동을 받는다. 그리고 스스로도 그렇게 살고자 한다. 하지만 현실로 돌아오면 엘리트 코스를 밟아온 사람들을 부러워하고 아이도 그렇게 교육시키길 원한다. 그러다 보면 사회는 결코 우리가 꿈꾸는 이상적인 사회로 변화할 수 없다.

우리 사회는 복잡한 상황에 놓여 있다. 사람들은 예전보다 사회 문제에 관심도 많고, 그에 대한 옳고 그름을 논하는 등 사회인식이 강해진 것처럼 행동한다. 사실, 사람들이 더 똑똑해진 듯 보이지만 그것이 경험을 통해서 얻은 똑똑함은 아니다. 다른 누군가의 생각을 자기 생각이라고 믿는다. 그러다 보니 경험을 통해 자신의 생각을 키우려고 하지 않은 채, 댓글만 쫓아다니는 상황이 벌어진다. 이런 상황에서 부모가 되고 아이를 낳는다. 하지만 경험을 통해 성장하지 않은 부모는 아이에게 온전한 경험을 물려줄 수 없다.

경험을 통한 사회인식. 그것만이 살길이다. 뼈저리는 아픔 없이 얻은 사회인식은 분명 내 것이 아니다. 내 생각이 아닌데 내 생각인 줄 알고 살다 보면 괴리감이 발생하고 늘 어딘가 모르게 찝찝함을 느낀다. 내 생각대로, 내 경험에 근거한 생각대로 살아야 깨달음이 올 때 바꿀 수 있는 용기가 생긴다. 남의 생각대로 살면 새로운 상황에 부딪쳤을 때 그저 기존의 생각은 버리고, 또다시 새로운 생각을 줍는다. 즉, 문제가 있을 때마다 새로운 생각을 줍게 된다. 그렇게 되면 한마디로 생각 없는 사람이 된다. 모든 일에 주위의 눈치를 살피는 사람이 된다.

내 경험에 근거한 사회인식이라면 다른 사람의 의견을 들었을 때 누가 옳은지 그른지에 대한 깨달음이 있으며 때로는 남의 생각을 받아들이고, 때로는 눈에 불을 켜고 싸울 수 있다. 그래야 세상에서 더 잘 살 수 있다. 우리는 특별한 일이 없다면 알게 모르게 자신의 경험을 후대에 전할 것이다. 그러므로 개인을 위해서도, 후대를 위해서도 온전한 사회인식을 가져야 한다.

늦었다고 생각할 때가
가장 빠를 때이다

사법고시가 있던 시절, 한 아이가 대학생 때 사법고시를 패스했다. 소위 말하는 엘리스 코스이다. 어떤 아이는 30대 후반이 되어서야 사법고시에 패스했다. 결과로만 봤을 때는 둘 다 패스했지만, 대략 15년 정도를 엘리스 코스가 앞섰다. 물론 15년을 앞당기면 좋지만 분명 쉬운 일은 아니다. 하지만 15년의 시간은 너무나 탐난다. 탐난다고 해서 모두가 가질 수는 없다. 아이마다 학습을 하는 속도도, 학습을 받아들이는 것도 다르기 때문이다.

스스로 학습하고 싶을 때 학습을 하는 것이 아이에게도, 부모에게도 좋다. 하지만 나보다 앞서가는 아이를 보면 분명 견딜 수 없는 모멸감을 느낄지도 모른다. 그렇게 되면 갑자기 아이도, 부모도 뛴다. 의욕적으로 나가서 어떤 성과를 내기 직전까지도 갈 수 있다. 하지만 막상 결과를 얻지 못한 채 쓰러지는 경우도 많다. 그렇게 되면 다시 뛰기 쉽지 않다.

남의 아이는 잘하는데, 내 아이는 왜 이럴까 하는 생각에 피곤해진다. 냉정하게 말하면, 그건 부모의 잘못이다. 아이는 아직 어리기 때문에 의욕적으로만 나갈 수 있다. 하지만 부모는 성숙한 생각을 가지고 잠시라도 생각할 기회를 줄 수 있어야 한다. 결승선을 눈앞에 두고 아이가 멈춘다면 거기까지 뛴 게 무슨 의미가 있는가?

간혹 어떤 사람을 소개할 때 '의사 출신' '서울대 출신'이라고 붙이면 이슈가 된다. 지금 하고 있는 일과 전혀 상관없는데도 좋은 직업이나 학업을 가졌다면 더 알아준다. 온전히 지금 하는 일로 승부를 봐야 하는데, '출신'을 통해 이슈를 만들려고 한다. 차라리 가지 않았으면 시간 낭비를 하지 않았을 텐데 시간 낭비, 돈 낭비를 하고서라도 타이틀 하나로 떵떵거릴 수 있다면 분명 온전한 상황은 아니다. 냉정하게 말하면 분명 시간 낭비이다. 의사의 일에 생각도 없는 아이가 의대에서 시간을 낭비할 동안 진짜 의사가 되고 싶은 아이는 다른 일을 하게 된다. 이처럼 자신의 길을 알지 못한 채 뛰는 사람은 스스로에게도 시간 낭비이지만 사회적으로도 낭비이다. 그러므로 아이를 키울 때는 서두르지 않아야 한다.

아이를 잘 살피고 아이의 속도를 알아야 한다. 그리고 아이를 훈련시켜야 한다. 아이가 뛸 준비가 되었는지, 아이가 어디로 뛰길 원하는지 여기저기 다녀보며 아이의 꿈을 찾아야 한다. 그저 흰 가운을 입으면 다 된 것마냥, 친구들에게 "우리 아이 의대 갔어"라는 말을 하고 싶어서 아이를 인생의 막장으로 보내면 안 된다. 그저 아이가 인생을 잘 준비할 수 있게 하고, 그에 맞춰 아이가 뛰도록 하는 것이 부모의 역할이다. 진정으로 아이를 위하는 마음이 있다면 아이의 적성에 맞는 목표를 찾을 수 있도록 도와야 한다. 때로는 부모의 마음에 차지 않더라도, 또래보다 늦더라도 아이를 벼랑으로 몰아선 안 된다. 어차피 그렇게 가면 분명 또다시 돌아올 것이기 때문이다.

인생에 늦는 건 없다. 짧은 순간이라도 아이가 자신의 인생을 살았다면 행복할 것이다. 그러므로 늦는 것처럼 보이더라도 기다려주고 더 잘 찾도록 도와줘야 한다. 뒤늦게 뛰었지만 누구보다도 빨리 개인의 목표에 도달하고 행복할 수 있다는 것을 알아야 한다.

홈스쿨링을 하며

홈스쿨링을 한다고 하면 많은 이들이 대단하다고 한다. 그리고 자신과는 다른 무언가가 있으니까 하는 거라고 생각하기도 한다. 하지만 나는 그저 평범한 부모일 뿐이다. 오히려 보통의 부모보다 부족할지도 모른다. 성격적으로 모난 부분도 많아 아이에게 화를 참지 못하고 쏟아부을 때도 있고, 훈육을 빙자해 아이를 못살게 굴 때도 있다. 그런 부족한 모습 속에 스스로 비참하게 느껴질 때는 다 포기하고 싶은 마음뿐이다.

학창시절 2번의 입시 실패는 학습 의욕을 완전히 꺾어버렸고, 재수 준비를 위해 들어간 대학은 끝내 자퇴를 했다. 그 결과 지금까지도 대학에 대한 열등감이 남아 있다. 언제든 다시 대학에 갈 수 있다고 생각하지만, 시간이 지날수록 공부에는 때가 있음을 절실히 느낀다. 그렇게 여러모로 부족한 아빠이지만 누구보다 내 아이를 사랑하기 때문에 그저 감당하는 것이다. 내 실패를 복기해보며, 내 아이에게 좀 더 나은 기회

295

를 찾아주고, 아이가 좀 더 빨리 자신의 재능을 찾을 수 있게 말이다.

부모의 경험은 아이에게 양약이다. 부모의 경험은 아이의 시행착오를 줄이고 더 빠른 길을 열어준다. 나는 어린 시절 자유로움 속에 자랐지만, 그 결과 수없이 많은 시행착오를 혼자 감당해야 했다. 그 시절엔 흔한 일이었다. 하지만 그 당시에도 노련한 부모는 아이에게 어떻게 도움을 주어야 할지 알고 있었다. 그 노련한 부모의 아이는 시행착오를 줄이고, 세상에서 성공이라 부르는 자리에 더욱 빨리 도달하는 것을 수없이 보았다. 단, 노련한 부모여야 한다. 수없이 많은 삶의 경험을 자신의 것으로 녹여낸 부모가 노련한 부모이다. 지금 이 순간에도 남의 이야기에 귀를 기울이며, 쓸데없이 아이와 함께 마라톤을 뛰고 있는 부모는 노련한 부모가 아니다.

비록 아직 노련한 부모가 아닐지라도 아이를 사랑한다면 이 책이 도움이 될 수 있다. 나는 교육학 전공자도, 교육과 관련된 직업을 가진 사람도 아니다. 하지만 수많은 실패의 경험을 통해 노련함을 배웠고, 20년간 교회학교 교사로 아이들을 봐왔으니 부족함이 없으리라 믿는다. 부디 이 책을 통해 많은 부모들이 아이를 진정으로 사랑하고, 아이와 함께 많은 시간을 보내길 바란다. 아이는 충분히 그럴 만한 가치가 있다. 그래야 시간이 지나서 아이의 모습을 그저 바라보며, 행복한 노년의 자유로움을 느낄 수 있으리라 생각한다.

새로운 시스템, 홈스쿨링

내 아이가 뛰어나서도, 내 아이가 다른 분야에 재능이 있어서도 아니다. 만약 내 아이가 남보다 뛰어나고 재능이 있었다면, 혹은 내게 돈이 넘치도록 많았다면 홈스쿨링을 시작하지도 않았을 것이다. 그저 아빠를 닮은 아이가, 어떻게 보면 아빠 같은 삶을 사는 것이 두려웠다고 말하는 편이 더 맞는 듯하다.

평범한 아이가 세상을 살며 인생의 성공을 누릴 수 있을까? 불가능하다고 생각한다. 남들과 똑같이 행동해서 남들보다 나을 수 있는 방법은 없다. 남보다 머리가 좋거나, 기회가 좋거나, 재능이 있어야 한다. 똑같은 상황에서는 똑같은 결과를 얻는 것이 당연한 일이다.

평범한 아이가 좀 더 나은 삶을 살기 위해서는 노력이 필요하다. 그래서 아이를 주야장천 학원에 보내거나, 빠른 정보력으로 최고의 과외 교사를 구하거나 해야 한다. 이것이 요즘 시대를 사는 부모의 모습이다. 그런데 그게 싫다. 아이가 더욱 아이답게 자라길 바란다. 아이가 하고 싶은 걸 하면서도 누릴 수 있는 것이 많기를 바란다. 그래서 아이에게 홈스쿨링을 시킨다. 홈스쿨링은 아이의 능력이나 재능이 아니라 오직 시스템만으로 아이가 더욱 행복하게 공부할 수 있게 만든다. 공부할 때 공부하고 놀고 싶을 때 놀아도 되는 환경을 만들어주는 것이다. 그렇게 시스템을 통해 더욱 안정된 삶을 경험한 아이는 커서도 더욱 안정된 삶을 살 수 있다.

현재 내 아이는 누구보다 더 많은 시간을 여유롭게 사용하고 있다. 어린 아이이지만 열정이 꿈틀거리는 것을 보면 홈스쿨링을 잘 시작했다는 생각이 든다. 지친 아이에게 마음껏 쉬라고 할 수 있어 좋고, 늦게 잠든 날에는 늦잠을 자도 깨울 필요가 없어서 좋다. 이 모든 것은 내 능력 때문도 아이의 능력 때문도 아니다. 그저 홈스쿨링이라는 시스템으로 바꾸었기 때문에 가능한 일이다. 앞으로 더 많은 아이들이 홈스쿨링을 하길 바란다. 그를 통해 이전에는 누리지 못한 새로운 자유로움을 누리길 바란다.

학교에 대한 애증

초등학교 때는 즐거웠던 기억밖에 없다. 늘 친구들과 해가 어스름해지는 무렵까지 놀았다. 학교 운동장과 놀이터, 친구 집은 그저 즐거운 공간이었다. 그런 초등학교 시절을 한 단어로 표현하면 '자유'이다. 인생에서 가장 자유로웠던 시간이 아닌가 싶다. 하지만 중학교, 고등학교 시절은 달랐다. 체벌, 두발 제한, 정신교육, 야간자율학습 등을 통해 끊임없이 구속과 통제를 받았다. 그땐 그렇게 지내는 것이 당연한 줄 알았다. 그런 중학교, 고등학교 시절을 한 단어로 표현하면 '구속'이다. 인생에서 가장 구속받은 시간이 아닌가 싶다.

지금은 분명 시대가 다르다. 하지만 학교는 크게 달라지지 않았다. 그래서인지 많은 부모가 아이에게 홈스쿨링을 시키고 싶어 한다. 홈스쿨링에 관심 있는 부모들과 대화를 나눠보면 다양하고 분명한 이유를 가지고 있다. 아마 그렇기 때문에 홈스쿨링에 관심을 가졌으리라. 다양하고 분명한 이유가 있는 것은 매우 긍정적이다. 그렇게 부모와 대화를 나누다 보면 아직은 학교에 대한 애정이 남아 있음을 알 수 있다. 어떻게 보면 학교를 떠날 용기가 부족한지도 모른다.

요즘은 정보 습득이 쉽다. 게다가 정보에 대한 의견까지도 습득하기 쉽다. 그렇기 때문에 대부분의 부모들은 어떤 결정을 할 때 하나의 정보만으로 결정하지 않고 다양한 정보를 통해, 그리고 다양한 의견을 통해 결정을 한다. 즉, 크로스 체크를 한다. 이처럼 아이도, 부모도 점점 더 똑똑해지고 있다. 인터넷의 긍정적인 효과이다.

이해가 되지 않는 건, 이런 상황에서도 학교는 변하지 않는다는 것이다. 모두 변하고 있는데 학교가 변하지 않는다면 학교는 어느 순간 급격한 위기에 빠질 것이다. 어쩌면 많은 아이와 부모가 유행처럼 학교를 거부할지도 모른다. 그렇게 되면 학교는 흔들릴 것이다. 그렇기 때문에 학교는 스스로 위기라고 인식하고 빨리 변화해야 한다. 많은 이들의 노력으로 학교가 온전히 변화되기를 바란다. 홈스쿨링이 없어도 행복한 아이들이 되길 바란다.

함께 걷길 바라며

우리가 하는 홈스쿨링은 다른 홈스쿨링과 다르다. 우리는 단순히 여유롭게, 학업 스트레스 없이, 무릉도원에서 꿈꾸듯 살기 위해 홈스쿨링을 하는 것이 아니다. 점점 더 거칠어지는 현실 속에서 올바른 정신을 가지고 모두와 함께 공존하기 위함이다. 그 목표를 이루기 위해 남들과 다른 길을 갈 뿐이다. 이 길의 끝에서 우리는 모두와 만날 것이다. 그리고 그곳에서 우리는 완주의 기쁨을 누릴 것이다.

우리가 가는 길이 꽃길만이 아니라도 상관없다. 그렇다고 가시밭길만도 아닐 것이다. 가다 보면 수없이 많은 감정의 소용돌이를 만나서 때론 주저앉아 한동안 멍하니 있을 때도, 때론 감정을 주체하지 못할 만큼 뛰고 싶을 때도 있을 것이다. 우리는 홈스쿨링을 통해 좁은 길로 들어가지만, 그 길의 끝에는 분명히 꽃밭이 있다. 그곳에서 많은 아이들과 함께 행복하길 꿈꾼다. 함께 걸을 누군가가 있기를 꿈꾼다.